Johann Reinhold Forster

Beobachtungen und Wahrheiten nebst einigen Lehrsätzen,

die einen hohen Grad von Wahrscheinlichkeit erhalten haben

Johann Reinhold Forster

Beobachtungen und Wahrheiten nebst einigen Lehrsätzen,
die einen hohen Grad von Wahrscheinlichkeit erhalten haben

ISBN/EAN: 9783743497108

Hergestellt in Europa, USA, Kanada, Australien, Japan

Cover: Foto ©ninafisch / pixelio.de

Weitere Bücher finden Sie auf **www.hansebooks.com**

Beobachtungen und Wahrheiten

nebst

einigen Lehrsätzen,

die

einen hohen Grad von Wahrscheinlichkeit

erhalten haben;

als

Stoff

zur künftigen Entwerfung

einer

Theorie der Erde

von

D. Johann Reinhold Forster.

In nova fert animus mutatas dicere formas
Corporum.
                Ovid. Metamorph. L.

Leipzig,
bey Breitkopf und Härtel
1798.

Beobachtungen und Wahrheiten
nebst
wahrscheinlichen Sätzen,
als
Stoff
zu Entwerfung
einer
neuen Theorie der Erde.

§. 1.

Ein genau beobachtender und darüber nachdenkender Mensch findet unstreitig auf der Oberfläche des Erdbodens, und in den gar nicht tief eindringenden Gruben und Bergwerken, viele Spuren von manchen großen Veränderungen, welche die Gestalt und Oberfläche dieses Erdballs einst müssen umgeschaffen und gleichsam neugebildet haben. — Schon Herodot (B. 2. Kap. 12.) schloß vor 2200 Jahren, aus den Schaalthieren, welche auf den höchsten Bergen waren gefunden worden, daß einst das Meer über diese Gegenden müsse hingeflossen seyn. Plutarch (von der Isis und vom Osiris S. 367. Ausgabe Frankf. a. M. 1620.) und verschiedene andere alte Schriftsteller, schlossen aus derselbe-

derselben Beobachtung auf dieselbe Weise. — Und
wenn der Bergmann in den höheren Gebirgen, welche
die edelsten Metalle hergeben, aus dem Gerölle der
Granite, ganze Stämme hingestürzter Bäume heraus=
arbeitet, so staunt der forschende Geolog über diese Ent=
deckung, und er folgert zwar auch, daß diese Granitge=
rölle einst aus älteren Gebirgen, zu einer Zeit aufgehäu=
fet und entstanden sind, da unsere Erdkugel schon mit
Pflanzen und Bäumen bekleidet war; allein es bleibt
ein schwer aufzulösendes Räthsel, zu bestimmen, durch
welche Veranlassung und Kraft und in welchem Zeit=
raume, durch diese Felsentrümmer die Bäume der Vor=
welt dort sind begraben worden. — Wenn Deutsch=
lands gelehrte und forschende Söhne, die von Froste
starrenden und mit Eise bedeckten Fluren, des kalten
Sibiriens bereisen, und am Lena und Wjilui, die
Gerippe von Elephanten, Nashörnern und vom Riesen=
büffel Arni, (Novi Commentar. Acad. Petrop. 1768.
Pallas neue nordische Beytr. B. 6.) diesen Bewohnern
des warmen und an Wundern der Natur reichen Indiens,
und selbst Ueberbleibsel ihrer unversehrten Haut aufge=
häufet aufspüren; dann folgert ein vernünftiger, ohne
Vorurtheile forschender Geologe, daß diese Gerippe
höchst wahrscheinlich durch eine große Fluth, aus dem
alten Vaterlande dieser Thiere, sind dorthin, wo sie
nie lebendig ihren Unterhalt finden konnten, mit Gewalt
fortgeschwemmt worden. Allein alle diese Folgen, sind
bloße Wahrscheinlichkeiten, die zwar auf Thatsachen ge=
gründet sind, aber doch so an und für sich selbst nicht
können zu wirklichen Thatsachen erhoben werden. —
Es bleibt demnach, dem forschenden und nach Beleh=
rung und Ueberzeugung unpartheyisch dürstenden Geolo=

gen

gen nur dieses übrig, daß er suche mehrere Thatsachen in eine solche Folgeordnung zu setzen, daß sie selbst über die wahrscheinlichen Sätze mehr Licht verbreiten, und sie sich gleichsam durch den festen wissenschaftlichen Verband zu den besten und der Wahrheit sich am mehresten nähernden Erklärungsarten erheben, und auf diesem Wege sich dem Systeme der wahren Geologie und Theorie der Erde nähern. — Ob ich in dieser kurzen Zusammenstellung von Thatsachen, so glücklich seyn werde, Etwas zur mehreren Aufklärung dieser höchst schwierigen Materie beyzutragen, als bisher geschehen ist, muß ich dem gelehrten Publikum zu beurtheilen überlassen, denn, ich spreche, in einer so schwer zu entwickelnden Sache, gar nicht ab. Allein nur von Männern hoffe ich beurtheilt zu werden, welche Meister in der Kunst sind, die den ernsthaften Ton von Edelmuth im Herzen und im Ausdrucke führen, und die den einreissenden, ungesitteten Ton des muthwilligen gelehrten Pöbels verabscheuen und vermeiden.

§. 2.

Principio terram, ne non aequalis ab omni
Parte foret, magni speciem glomeravit in orbis.
Ovid. Metamorph. L. I.

Im ersten Anfange des Daseyns unseres Erdbodens, war seine Gestalt kugelartig, oder vielleicht sphäroidisch. Denn nachdem die Menschen bey dem glücklichen Fortgange ihrer Erkenntnisse gelernt haben, selbst den Zufall zu benutzen, und sich Werkzeuge zu verschaffen, durch deren Hülfe sie selbst die unermeßlichen Gefilde des Sternenhimmels durchspähen, und die dem bloßen Auge unsichtbaren Gegenstände so darstellen können, als wären sie ihnen näher gekommen; so haben sie sich nunmehr überzeugt, daß nicht nur die Sonne und vornämlich der Mond eine kugelartige Gestalt haben, wie solches schon der Augenschein bezeugte; sondern, daß auch alle Irrsterne und ihre Monden, und nach der Aehnlichkeit zu schließen, alle andere Himmelskörper eine kugelartige, fast durchgängig sphäroidische Gestalt besitzen. Hieraus nun wird der Schluß sehr natürlich, daß beym ersten Entstehen unseres Erdbodens, derselbe gleichfalls eine kugelartige sphäroidische Gestalt erhalten oder bekommen habe. — Aus diesem Gesichtspunkte betrachtet, gehört dieser Satz zu denen Begriffen, denen unser Verstand seinen allgemeinen Beyfall nicht leicht versagen wird.

§. 3.

Da die Chemiker, die bisher auf der Oberfläche unserer Erde gefundenen unorganischen Körper sorgfältig und fleißig untersuchet haben, so ist durch ihre Bemühung entdeckt worden, daß bisher nur 40 unzerlegbare und durch feste und hinlängliche Merkmale von einander unterschiedene Stoffe vorhanden sind: die demnach als Urstoffe oder Elementarstoffe können angesehen werden. (Siehe Grens Handbuch der gesammten Chemie, 2te Ausg. Halle 1794. Th. I. S. 34. 35.) — Ich habe mit großem Fleiße angemerket, daß die Chemiker, die auf der Oberfläche unserer Erde gefundenen unorganischen Körper untersuchet und zerlegt haben. Denn da der Durchmesser unserer Erde 1718 deutsche Meilen enthält. Die tiefste Grube aber in Kuttenberg in Böhmen nur 500 Lachter = 3000 Fuß = $\frac{1}{4}$ deutsche Meile tief ist, welches etwa den $\frac{1}{6872}$ Theil

Theil des Halbmessers unserer Erde ausmacht; so erhellet daraus schon zur Genüge, daß die Erde bloß an ihrer Oberfläche und zwar nur an einem Punkte so tief ist untersuchet worden.

§. 4.

Da keiner der obigen 40 U r st o f f e aus der Mischung zweyer oder mehrerer anderer entstanden ist, weil derselbe alsdenn aufhörte ein U r st o f f zu seyn; so müssen alle diese 40 U r st o f f e, auf eine oder die andere Art, schon bey dem ersten Entstehen unseres Erdballs, in und auf demselben vorhanden gewesen seyn. — Indessen scheint aus den Massen und Bestandtheilen der höchsten und wahrscheinlich der ältesten Gebirge und des Weltmeeres zu erhellen, daß außer dem Kalche, dem Kiesel=, Thon= und Bittererdenstoffe, und dem Kochsalze oder seinen Elementen, die übrigen Urstoffe, in nicht gar großen Massen beysammen gewesen sind.

§. 5.

Da alle die n i e d r i g e r n und in F l ö t z s c h i c h t e n l i e g e n d e n Gebirge und Erdstrecken des Erdbodens überall Spuren und Ueberbleibsel von organischen Körpern in sich beschließen. Diese organischen Körper aber, da sie zu ihrem Wachsthume und zu ihrer Ernährung die unorganischen brauchen, und also später entstanden seyn müssen: ferner auch die höchsten Gebirge unseres Erdbodens und die Massen, woraus sie gebildet sind, nie dergleichen Spuren von organischen Körpern enthalten; so folget daraus, nach der größesten Wahrscheinlichkeit, daß die höchsten Gebirge unseres Erdbodens die ältesten und ursprünglichen Theile unserer Erd-

kugel

Kugel sind, und daher die Urgebirge zu heissen verdienen.

§. 6.

Die höchsten Gebirge unserer Erde bestehen vorzüglich aus Granite und Kalch, welche nicht die geringsten Spuren oder Ueberbleibsel von organischen Körpern enthalten, in denen außer den Stoffen der Granit- und Kalchmasse, und einigen zwischen den Spitzen der Urgebirge liegenden Salzstöcken, die übrigen der 40 Urstoffe nur in mäßigen Massen zertheilt angetroffen werden; endlich so haben die Granite und Kalche dieser Urgebirge keine große und regelmäßige Krystalle, sondern sie bestehen aus einem blättrigen, unregelmäßigen, kleinartigen Gefüge. Ueberdem so hat man bemerket, daß die höchsten Gebirge, keine Lagen oder regelmäßigen Abldsungen und Bänke haben, sondern die Trennungen der Gebirgsart, die man in ihnen durchgängig findet, sind unregelmäßige Spalten, die bald sich öffnen, bald sich wieder gänzlich verlieren.

§. 7.

Wenn solche Mischungen, die einer Krystallisation fähig sind, durch eine allmählige, langsame Ausdünstung der überflüßigen Feuchtigkeit entledigt werden; so schiessen die Krystallen allezeit in einer ansehnlichen Größe an: Wird aber die Mischung einer starken, jähen Hitze ausgesetzet, so verfliegt die Flüssigkeit schnell, und das Ueberbleibsel bekommt ein unregelmäßiges, blättriges, kleinartiges Gefüge. Wer nur etwas mit chemischen Arbeiten umgegangen ist, der muß sogleich finden, daß dieses eine auf Erfahrung gegründete Wahrheit sey.

§. 8.

§. 8.

Die Materien, aus denen der Erdboden, bey seinem ersten Entstehen bestand, sind aus mehreren Gründen zu urtheilen, zuerst in einem weichen, breyartigen, chaotischen Zustande gewesen. — Denn da unser Erdboden sich in einem Jahre um die Sonne beweget, und in 24 Stunden einmal umwälzet; so ist leicht zu ermessen, daß eine solche weiche, breyartige Masse, in einer solchen Wirbel= und Kreisbewegung am leichtesten die kugelartige sphäroidische Gestalt hat können annehmen; indem der tägliche Umschwung, diese breyartige Masse kugelartig ausbilden müßte. Wäre der Erdboden ursprünglich nicht kugelartig gewesen, und dabey feste, so hätte er diese kugelartige Form, nicht durch die Wirbel= und Kreisbewegung bekommen können. — Ferner der bloße Anblick der Erde auf einer genau entworfenen Karte, zeigt schon, daß das große Weltmeer wenigstens zwey Drittheile der Oberfläche der Erdkugel, und das Land nur ein Drittheil, und das kaum, einnimmt; denn wenn man alle großen stehenden Seen, die Flüsse und Bäche dazu rechnet, so ist das Wasser sehr häufig vorhanden. Die Tiefe des Ozeans ist wahrscheinlich auch sehr beträchtlich, denn dieses lassen die oft ungeheuren Wogen in gewissen Gegenden des Meeres schon schließen. Diese große Masse von Wasser scheint nicht ursprünglich die Behälter gefüllt zu haben, in welchen es sich jetzt befindet, sondern höchst wahrscheinlich war es mit allen den Urstoffen unseres Erdbodens zu einer breyartigen Masse gemischet. — Endlich die festen Bestandtheile der höchsten Gebirge sind allesammt in einem unregelmäßigen, blättrigen, kleinartigen Gefüge vorhanden (§. 6.) welches anzuzeigen scheinet, daß die ursprüngliche Masse

des

des Erdbodens zwar erst weich und flüssig gewesen ist; allein durch eine jähe und große Hitze, alle die Flüssigkeiten verloren und verdünstet hat, und daß diese weichgewesene Masse zu einem unregelmäßigen, blättrigen, kleinartigen Gefüge, ohne Krystallen ist verhärtet worden. (§. 7.)

§. 9.

Von allen den verschiedenen Urstoffen haben einige, wie bekannt ist, die Eigenschaft, daß wenn sie einander unmittelbar berühren, daraus eine starke Erhitzung und brausende Gährung zu entstehen pflegt. Z. B. wenn Säuren und Alkalien sich berühren, wenn Säuren die Metalle auflösen, wenn Säuren zu den öligen und verbrennlichen Stoffen gemischt werden, so entstehen in allen den Fällen nicht nur eine starke Erhitzung und brausende Gährung, sondern unter gewissen Umständen erfolgt sogar eine urplötzliche Entzündung, welche Erhitzung und Entzündung sogar den unmittelbar daran stoßenden Dingen und Körpern sich mittheilet.

§. 10.

Da nun unter denen 40 Urstoffen die ungleiche Vertheilung derselben in der ursprünglichen Masse der Erdkugel, nothwendig eine Berührung derselben an tausend Orten, besonders in dem weichen flüssigen Zustande der Erdkugel, nach sich ziehen mußte: so war es ganz natürlich, daß durch diese Berührung überall eine große und allgemeine Erhitzung und Gährung verursachet ward: welche wegen der ansehnlichen Größe der Erdkugel und ihrem innern tiefen Baue, sich allen Theilen mittheilen, und eine allgemeine Veränderung der Masse und Gestalt dersel=

derselben verursachen mußte; welche wir nach einander
hersetzen und erläutern wollen.

§. 11.

Die ungeheure Menge von Flüssigkeiten, die jetzt
das große Weltmeer und alle Seen, Flüsse und Gewässer
des Erdbodens, die Feuchtigkeiten aller der jetzt auf
dem Erdboden befindlichen Thiere und Pflanzen und das
Krystallisationswasser aller Salze und krystallisirten Kör=
per des Erdbodens in sich begreifet, ward von den in
Gährung gerathenen Urstoffen und der daraus entstande=
nen großen Hitze, die mit jedem Augenblicke zunahm,
in Dünste aufgelöset und in den Raum über der Erd=
masse getrieben. Da denn die Luftarten, der Luftkreis
und der Dunstkreis aus ihnen entstand.

§. 12.

Die verschiedenen von der Hitze zersetzten Stoffe,
entwickelten unstreitig im Innern der Erde eine große
Menge elastischer Dünste. Z. B. der vom Braunsteine
abgesonderte Sauerstoffdunst. (Gas oxygene) hat sehr
expansive Kräfte. Ferner die von großer Hitze in Dünste
verwandelten Gewässer haben ebenfalls expansive Kräfte,
von ungeheuer großer Wirksamkeit: Diese gingen nun,
wo sie keinen Widerstand fanden, zum Theil in den Luft=
kreis über; zum Theil aber mußten dieselben, da wo
der Widerstand zum Durchbrechen zu groß war, und da
immer neue Zuschüsse von expansiven Dünsten sich an=
häuften, die annoch weiche und daher nachgebende Masse
der Erdenoberfläche, in allerley große, unregelmäßig
scheinende, theils einzele insolirte Erhöhungen oder
Berge aufblähen; theils aber, in die Länge gedehnte,

verket=

verkettete Unebenheiten und Erhöhungen oder Gebirge in die Höhe heben; welche in der größten Tiefe, ungeheure, zusammenhängende Höhlungen zuwege brachten. Die fortdaurende Hitze erhärtete diese Berge, und da diese Hitze größer war, als daß diese Masse hätte in Krystallen können anschießen, so erhärteten die Berge zu unregelmäßigen, kleinartigen, blättrigen Gefügen. Die hin und wieder als Ebene zurückgebliebene Erdenoberfläche erhärtete ebenfalls zu eben derselben Urgebirgsmasse, und hatte dasselbe Gefüge, da die Hitze überall gleiche Wirkungen hervorbrachte. Da nun ferner diese jähe, große Hitze, die Oberfläche der Berge schnell zusammentrocknete, so entstanden von dem Zusammenziehen der erst feucht und ausgedehnt gewesenen Materie, an der äußeren Seite der Berge viele Risse und tiefe Furchen, oder unregelmäßige Unebenheiten.

§. 13.

Wenn man die ungeheure Menge des Meerwassers im Weltmeere, die Wässer in allen Seen, Flüssen und organischen Körpern und den Krystallen der jetzigen Welt überdenket, so muß diese ungeheure Masse von Flüssigkeiten (§. 11.) durch die Erhitzung der Erdkugel in Dünste seyn aufgelöset worden. Der Dunstkreis muß daher damals einen sehr großen Raum eingenommen haben; so daß unsere Erde denen Bewohnern anderer nahegelegenen Planeten, wie ein Komet vorgekommen ist. — Da aber das große Weltmeer jetzt eine entsetzliche Menge von Kochsalz enthält: hienächst längst den Alpen und Karpathen in Tyrol, Salzburg, Siebenbürgen, Galizien und Ungarn ungeheure Salzstöcke liegen. Von der Krimm an, bis nach dem stillen Weltmeer überall Salz-

seen

seen in großer Menge anzutreffen sind. In Afrika die unübersehbaren Salzwüsten, große Salzniederlagen anzeigen. In Persien, Indien, Syrien und Arabien ganze Erdstrecken von Salztheilen durchdrungen sind. Da sogar in Amerika große Salzvorräthe vorhanden sind, und kein Land ohne seine Salzquellen ist; so zeigt dieses zur Gnüge an, daß die aus dem breyartigen Stoffe des Erdbodens ausgedünstete Flüssigkeit müsse salzig gewesen seyn. Daher denn gleichfalls beym Abrauchen dieser Flüssigkeit ganze Lagen von Kochsalz auf der Erdenoberfläche wahrscheinlicherweise sind abgesetzet worden. Die ganzen Gebirge und die Ebenen wurden überall, mehr oder weniger, mit Salztheilen überzogen. Da wo sich zwischen den hohen Gebirgsketten, in den Vertiefungen, z. B. in Siebenbürgen, Salzwasser angehäufet hatten, und auch auf den Ebenen zwischen den Gebirgen, da entstanden überall große Salzstöcke. — Einige der übrigen Salzarten, hatten sich theils mit dem vorwaltenden Kochsalze, der ersten breyartigen Mischung der Erde vereiniget; theils setzten sie sich hie und da im Inneren der Erde in kleinen Sammlungen an. Bey zunehmender Erhitzung der Erdmasse, lösten sie sich zum Theil in Dämpfe auf, davon einige in den Luftkreis übergingen; andere aber in die Erd- und Steinarten eindrangen, die ihnen auf dem Wege nach der Oberfläche aufstießen, und dann mit ihnen neue erdige Salze, z. B. Flußspathe, Apatite, Boracite und allerley bittererdige Mischungen erzeugten.

§. 14.

Bey der zunehmenden inneren Erhitzung des Erdbodens, wurden auch die in dem Inneren der Erdkugel vertheil-

vertheilten Metalle in feine Dämpfe aufgelöset, welche durch die Fugen und Riße des Gesteins an die Oberfläche der Erde gelangten, wo sie wegen der daselbst abnehmenden Hitze, sich an dem äußeren unebenem Gesteine, theils verkalchet, theils in Metallgestalt erkältet anlegten. — Da man durch das große in Paris verfertigte Brennglas, alle Metalle und selbst das Gold in Dämpfen hat aufsteigen laßen: so wird die Möglichkeit der in Dämpfen aufsteigenden Metalle, von keinem sachkundigen Gelehrten können geläugnet werden.

§. 15.

Die im Inneren des Erdbodens vorhandenen Brennstoffe, wurden gleichfalls von der Erhitzung in elastische Dämpfe aufgelöset, und da sie durch ihre expansiven Kräfte Hölen bildeten, und ganze Berge über denselben, in die Höhe hoben; so vereinigten sie sich daselbst mit dem Sauerstoffdunst (Gas oxygene), entzündeten sich und verursachten einen Auswurf von halb und ganz geschmolzenen, zum Theil verbrannten und in Asche verwandelten Materien, und bildeten dergestalt die ersten Vulkane, und erzeugten die uralten vulkanischen Stoffe. — Diese uralten Vulkane, muß man in den allerhöchsten Urgebirgen, in der Bergkette der Andes, in Island, im Aetna u. s. w. suchen.

§. 16.

Sidebant campi, crescebant montibus altis
Ascensus.

LUCRET.

Nun hatten sich, durch die Gährung im Inneren der Erdkugel, und die drauf folgende Erhitzung, die Urgebirge an der Oberfläche des Erdbodens erhoben.

Ihre

Ihre weichgewesene Masse war zu Stein erhärtet, und Salze und Metalle waren an der ganzen äußeren Rinde der Erde, die allgemeine Bekleidung. Die starke Gäh=rung, hatte sehr viele elastische Dünste entwickelt, wel=che häufige und sehr hohe Gebirge in die Höhe ge=trieben hatte: so daß selbige in Vergleichung mit der heutigen Oberfläche der Erde, theils häufiger, theils aber auch höher waren. — Denn da damals die feste steinige Rinde, die ganze Oberfläche der Erdkugel be=deckte, davon jetzt das Weltmeer mehr als zwey Drit=theile einnimmt, so mußten die Berge nothwendigerweise zahlreicher seyn. Da es ferner bekannt ist, daß die Höhe der Berge täglich mehr abnimmt; indem Regen, Frost, Sturm und die Erdbeben den Bau der Berge nach und nach zerstören, und sie mehr und mehr niedri=ger machen, indem solches durch unleugbare Erfahrun=gen bestätiget ist, so haben die Berge und ganze Gebirge nothwendig beym ersten Entstehen eine weit ansehnlichere Höhe müssen besitzen, als wie die ist, welche sie jetzt haben. — Es wird auch dieses keine so fremde Er=scheinung in der Naturgeschichte der Weltkörper seyn; nachdem die Instrumente und Arbeiten eines Herschel und eines Schröder es dargethan haben, daß die Gebirge und Erhöhungen im Mohde, der doch ein klei=nerer Weltkörper, als die Erde ist, dennoch die höchsten jetzigen Gebirge des Erdballs, bey weitem übertreffen.

§. 17.

Der die Erde umgebende Luftkreis, war wegen der inneren Erhitzung der Erde, mit einer ungeheuren Menge von Dünsten angefüllt, indem alle Feuchtigkeiten des Erdbodens waren in Dünste aufgelöset worden: es muß

den=

demnach der Luftkreis damals eine ansehnliche Höhe gehabt haben. — Wegen der viele Jahre, und vielleicht Jahrhunderte, noch fortdaurenden Erhitzung der Erdkugel, mußten diese Dünste, diesen ganzen Zeitraum durch, in dem Dunstkreise hängen bleiben, ohne in Regen auf die Erde herabzukommen. — Denn man hat es auf der jetzigen Erde bemerket, daß wenn die Wolken von den östlichen regelmäßigen Winden zwischen den Wendekreisen über dürre, baumlose, von der Sonne sehr erhitzte Gegenden geführt werden, die Wolken sogleich, wegen der daselbst stark erhitzten und verdünnten Luft, viel höher steigen, und über diese erhitzten Gegenden weggleiten, ohne je sich in Regen aufzulösen. Die kapverdischen Inseln und Barbadoes sind, nachdem man unvorsichtigerweise die bewaldeten Höhen von ihren Bäumen entblößet und die kahlen Berge der stark wirkenden Sonne ausgesetzet hat, die auffallendsten Beyspiele davon geworden, indem es daselbst zuweilen in drey Jahren nicht regnet, wodurch eine schreckliche Theurung zuweilen zu entstehen pflegt. In einigen neuerworbenen westindischen Inseln, z. B. in Tobago und St. Vincent hat daher die brittische Regierung, bey der Vertheilung der Länder, auf den höchsten Bergen ansehnliche bewaldete Strecken beybehalten, und dem freyen Menschen die Verweisung, dem Sklaven aber den Tod im Gesetze angedrohet, wenn er einen Baum in diesen geheiligten Gehägen fället oder beschädiget. Man nennt sie auch: in Wäldern zum Regen vorbehaltene Länder, auf den Karten und in den öffentlichen Dokumenten. In dem dürren, kahlen Aegypten, wo die Sonne den Boden erhitzt, da gleiten die von den Etesien über das ganze Aegypten, Nubien und

und Sennaar, getriebenen Wolken weg, und lösen sich nur in den bewaldeten kühlen Gegenden vom hohen Abeſſinien in häufige Regengüſſe auf, welche durch die Anſchwellung des Nilſtroms, dieſe Länder wohlthätig überſchwemmen. — Es wird demnach hiedurch die Behauptung beſtätiget, daß ſo lange die kahle Oberfläche des Erdbodens nicht gänzlich bis zu einem gewiſſen Grade war abgekühlet worden, die großen Dunſtmaſſen immer im Dunſtkreiſe ſchweben und nicht als Regen herabſinken konnten.

§. 18.

Obruerat tumulos immensa licentia ponti
Pulsabantque novi montana cacumina fluctus.
OVID. Metam. L. I.

Nachdem denn endlich die Erde allmählig war abgekühlet worden, indem durch die höchſten Bergſpitzen die Erhitzung war ausgeladen und überall in den Aether zerſtreuet worden, ſo daß auch die Ebenen eine gemäßigtere Temperatur angenommen hatten; da fing denn auch der Regen an, in großen und anhaltenden Ströhmen ſich reichlich zu ergießen. Die häufigen Fluthen wuſchen von den Gipfeln und den Seiten der Urgebirge, die da angeſetzten Salztheile herab. Zum Theil löſeten ſich auch viele Theile des unebenen oder von Salztheilen durchdrungenen Geſteins der Urgebirge auf, wurden von den Gipfeln und Seiten der Berge heruntergewaſchen, und in mächtigen Lagern am Fuße der Berge, bis hoch an ihren Seiten hinauf angeleget. Wo zwiſchen den Spitzen der Urgebirge in den Vertiefungen (§. 13.) ſich Salzſtöcke angeſetzet hatten, da wurden dieſe Salzlager mit den von den Bergen abgeſpühlten

Erd=

Erd- und Steintheilen bedecket, und die zunehmenden Wässer flossen durch die Schluchten, in die niedrigeren Gegenden und in die sogenannten Ebenen zwischen den Gebirgen. Diese Gewässer löseten endlich auch die auf den Ebenen befindlichen Salzstöcke auf; und da die Regengüsse noch eine zeitlang, die vielen Dünste und Wolken des Luftkreises herabströmten, so bedeckten sie nicht nur die Ebenen zwischen den Gebirgen, sondern sie standen sogar hoch an den Seiten der Urgebirge hinan, und wurden zu einem großen salzigen Weltmeere, in welchem die Urgebirge nur als bloße Inseln hervorragten. — Man kann schon daraus, daß der uralte Aetna, rund um sich her, eine Schichte von Schaalthieren hat, welche in einer Höhe von 400 Klaftern = 2400 Fuß über der jetzigen Meeresfläche denselben umgeben, gewissermaßen schließen, daß das Weltmeer ehedem höher gestanden ist: obgleich nicht zu leugnen ist, daß auch eine spätere Fluth diese Schaalthiere hat auf diesen Höhen absetzen können.

§. 19.

Et fluvie mons est deductus in aequor.
                                      Ovid. Metam.

Der Regen spühlte stets, da er von Stürmen an die unebenen mit vielen Rissen und Fugen zersetzten Felsen herangepeitschet ward, einige Theile derselben ab. Da manche Stoffe in den Bergen von Salzen durchdrungen waren, so drangen die Flüssigkeiten des Regens in das Gefüge des Gesteins mit ein, indem sie die Salztheile mit auflöseten, da denn der locker gewordene Bau des mürbe gewordenen Steins dem Regen nachgab, und sich allmählig zerbröckelt herabwaschen ließ. — Nachdem

dem die Erde nunmehro merklich erkältet war, und die höchsten Gipfel anfingen sich mit Schnee und Eis zu bedecken: so zersetzte das in die Ritzen und Fugen des Gesteins eingedrungene und denn gefrorene Regenwasser der Frost, so daß ganze ansehnliche Trümmer sich ablösseten, und in das unten liegende Thal hinabfielen. — Die hin und wieder noch fortwirkenden Vulkane verursachten sich weit verbreitende Erdbeben und Erschütterungen, durch welche noch manche der nadelförmigen höchsten Bergspitzen und andere zersetzte Trümmer sich von den Kuppen der Urgebirge ablöseten, und mächtige Lagen und Gehänge an den Seiten und am Fuße der Urgebirge überall bildeten.

§. 20.

Das Weltmeer wusch mit seinen Fluthen den Fuß, und stand hoch an den Seiten der Urgebirge heran (§. 18.) — Ebbe und Fluth und die von großen Stürmen angeprellten Wogen löseten viele Theile des Gesteines ab. Die Glimmertheile, und die leicht verwitternde Feldspathtrümmer, wurden durch das Zerreiben und fortdauernde Waschen des Weltmeeres zu allerley Thonlagern aufgelöset. Die Trümmer und feingeriebenen Körner des Quarzes wurden nach und nach zu Sandkörnern umgeschaffen. Von den hohen Kalchgebirgen, löseten die Fluthen ebenfalls ungemein viele Theile ab, welche sich zwischen den Bergspitzen, in ganzen großen Lagern ansetzten; welche, da sie Zeit hatten, sich in größeren Gefügen zu dem sogenannten salinischen Marmor ansetzten. Zuweilen mischten sich auch Glimmerflittern und Hornblende in die Kalchtheile und machten neue Gemengsel. Talkartige Theile sammelten sich und wurden

Forster Th.   B   hie

hle und da in Talkstein, Speckstein, Serpentin und anderen bittererdigen Mischungen in ansehnlichen Lagern abgesetzet. Die Ströhmungen des Weltmeeres führten viele der feineren Quarztheile, die verwitterten und mit Glimmerflittern gemengten Feldspaththeile, die ganz aufgelösten und geschlemmten Kalche und Bittererden, zwischen den hohen Gebirgen in die Thäler und Ebenen, und bildeten ganz zartzerriebene Lager der verschiedenen Steinarten, aus denen die zarten Stoffe abgerieben waren. In den Klüften und Ablösungen dieser neuen Steinlager, wurden auch Krystalle von Quarzen, von Feldspath, von Kalch und anderen Steinarten gebildet.

§. 21.

Da die an dem Fuße und an den Seiten der Urgebirge gebildeten neuen Berge, sich nur nach und nach anlegten, so entstanden diese Gehänge und Lager, so wie es die Lage des Grundes, auf dem sie sich bildeten, erlaubte; war der wagerecht und eben, so waren die Lagen der neuen Berge auch in derselben Richtung; waren sie schräge und lehne, so waren die Bänke dieser sich neubildenden Gebirge gleichfalls schräge, und das daraus entstehende Gestein schoß nach den verschiedenen Weltgegenden ein, je nachdem die Lage des Urgebirges solches erlaubte: hieraus nun entstand, was der Bergmann das Fallen des Gesteins jetzt zu nennen pflegt. Da nun in einem langen Zeitlaufe, durch die Wirkungen des Regens, des Schnees, der Stürme und der Ströhmungen, so wie der Wogen und der Ebbe und Fluth des Weltmeeres alle die Gebirgsarten an den Urgebirgen sich angeleget hatten, welche den Uebergang von den Urgebirgsarten ausmachen; so wurden

daraus

daraus regenerirte Granite, Gneuse, Syenite, Glimmerschiefer, Porphyre, Thongebirge und die Kalchgebirge der zweyten Bildung abgesetzet, welche daher allesammt Uebergangsgebirgsarten müssen genannt werden; so wie die Gebirge selbst Uebergangsgebirge; welche allesammt noch keine Spuren oder Ueberbleibsel organischer Geschöpfe, die noch nicht vorhanden waren, in sich beschließen. — Durch ansehnliche Krystallen; durch schiefrige Gefüge; durch ansehnliche große und regelmäßige Lager, Bänke und Gehänge, die unmittelbar auf den Urgebirgen aufliegen; und durch die vielen Klüfte und Gänge, welche, wie wir weiter unten sehen werden, diese Gebirge durchkreuzen; so wie durch den Mangel von Spuren der organischen Schöpfung, unterscheiden sich die wahren Uebergangsgebirge, von allen anderen Gebirgen.

§. 22.

Die Urgebirge sowohl, als die neuen Uebergangsgebirge, so weit solche aus dem Weltmeere hervorragten, fingen nun an mit Steinflechten, mit Mooßen, mit kleinen jährlichen und auch mit perennirenden Pflanzen, mit Sträuchern und mit Waldbäumen sich zu bedecken, und die ganze Erde mit Grün zu bekleiden. Die verwesenden Mooße und Blätter der jährlichen und perennirenden Pflanzen, der Sträucher und Bäume, und in der Folge der Zeit die veralteten, hohl und morsch gewordenen, und von heftigen Stürmen niedergestürzten Waldbäume, wurden nach und nach zu einer feinen Gartenerde oder Dammerde aufgelöset, die stets neuen Stoff zu der Ernährung und dem Wachsthum neuer Pflanzen, aus den Trümmern der alten, anhäufet;

fet; und wenn es nöthig ist, denselben von neuem darbietet.

§. 23.

Die Regengüsse und in Orkanen wirksamen Meeresfluthen, nebst einigen neuen Entzündungen der Vulkane und die dabey gewöhnlich vorhergehenden Erdbeben, verursachten auf den annoch rohen, neuen Gebirgen allerley Fugen, Risse und Zersetzungen des Gesteins. Einige Höhlen mußten dadurch einsinken, es entstanden auch durch diese wirkenden Kräfte neue Berge und neue Inseln. — Die annoch fortdaurende innere Hitze der Erdkugel entwickelte im Inneren der Erde elastische Dämpfe, welche mittelst der feinsten Fugen und Risse durchs Gestein, bis in die großen Erdhöhlen hineingeleitet wurden. Die Entzündungen der Vulkane, die damit verknüpften Erdbeben und oft sehr weit sich verbreitenden Erschütterungen und fortpflanzenden Bewegungen theilten den elastischen Dämpfen ihre Wirksamkeit mit. Hie und da brachen die Dämpfe aus den Höhlen hervor. Die Schlünde der Tiefe eröffneten sich, und das bisher hoch an den Gebirgen stehende Weltmeer zog sich, in die ihm dadurch angewiesenen neuen Behältnisse, und bekam auf der Oberfläche neue Grenzen. Das feste Land und die Inseln nahmen zu an Oberfläche. Der zuvor mehr seichte, allein größere Oberfläche habende Ozean, bekam nun an einigen Orten ungemein große Tiefe, im Ganzen aber eine mehr eingeschränkte Oberfläche.

§. 24.

Die vom Meere entblößeten Ebenen, auf deren Gesteine sich Schichten von einer aus Quarz-, Kalch-, Thon-,

Thon=, Talktheilen und Glimmerflittern gemischten feinen Erdart abgesetzet hatten; so wie die vom Wasser des Regens und des Weltmeeres und dessen Fluthen und Bewegungen nach und nach abgesetzten neuen Erd= und Steinschichten der Uebergangsgebirge (§. 21.), welche vom zurückgetretenen Weltmeere verlassen waren, wurden nun der Einwirkung der Winde und der Sonne ausgesetzt. Einige Theile, der in diesen Erd= und Steinschichten zurückgebliebenen Feuchtigkeiten, wurden in Dünste aufgelöset, und stiegen in den Dunstkreis auf. Andere Theile dieser Feuchtigkeiten senkten sich durch die lockeren Erdschichten, und die Fugen des Gesteins nach den niedrigeren Gegenden; da sie sich theils in stehende Seen und große Sümpfe sammleten, wenn sie keinen Abzug hatten; theils aber gaben sie den Ursprung zu Quellen und Bächen; welche durch ihren Zusammenfluß Ströhme und Flüsse erzeugten, welche ihre Gewässer zuletzt dem Weltmeere zollten. Die Bäche und Flüsse bekamen vom Schnee und Regen stets neuen Zuwachs von Wasser, und bey den großen Fluthen nach dem Schmelzen des Schnees und den heftigen Regengüssen und Wolkenbrüchen, wuchsen sie an, und bekamen so viele Gewalt, daß sie durch die niedrigsten Gegenden sich neue tiefe Betten eingruben, und große Steinmassen von Granit, auf den Eisschollen mit fortrissen und hie und da als Geschiebe absetzten.

§. 25.

Die durch die Wirkung der Sonne und der Winde, so wie durch den Abzug der Gewässer von ihrer annoch häufigen Feuchtigkeit befreyeten und vom Meere neuentblößeten Theile der Erde und Steinschichten, welche sich
insbe=

insbesondere an den Seiten der Urgebirge, als **Uebergangsgebirge** gebildet hatten, wurden nach und nach trocken. Durch die in denselben verminderte Feuchtigkeit, zogen sich ihre Theile zusammen. Es entstanden also in diesen Gebirgen Fugen, Spalten, **Klüfte**, welche diese neugebildeten Erd= und Steinschichten, bis auf das unter ihnen liegende Urgebirge zersetzten. —
Der Frost, die Stürme, die Gewitter, die Regengüsse und die Erdbeben, löseten noch immer neue Trümmer und allerley größere und kleinere Theile von den hohen Urgebirgen ab, und füllten in der Folge der Zeit, die **offenen Klüfte**, mit besonderen von der Bergart des Uebergangsgebirges ganz verschiedenen Steinarten an. Es wurden in diese Klüfte auch oft die an der höheren Oberfläche des Erdbodens zurückgebliebenen Metalle (§. 14.) theils in gediegenen Trümmern, theils als Metallkalch mit Salz= und Schwefeltheilen und anderen Metall= und Gesteinarten gemischt und gemenget hineingeführet. Diese mit Steinarten gefüllten Klüfte, nennt der deutsche Bergmann **Gänge**, und wenn sie sich mit edlen metallischen Theilen angefüllt befinden, **edle Gänge**. Daher denn auch diese von Gängen durchkreuzten Uebergangsgebirge, den Namen der **Ganggebirge** erhalten. Es blieben indessen verschiedene dieser Klüfte unausgefüllt und leer, und wurden in dem Falle **dürre Klüfte** genannt.

§. 26.

Die vom zurückgetretenen Meere übriggelassenen Sümpfe, und die noch vom Schlamme und vom Moder bedeckten Theile des Erdbodens, hauchten Stickluft und Brennstoff in Menge aus. Der Luftkreis, der die Erde um=

umschloß, ward mit diesen Dünsten mehr und mehr angefüllt und verdunkelt. — Die feuchten Dünste enthielten indessen auch Wasserstoff, Sauerstoff und Kohlenstoff. Keine lebendige Kreatur konnte in dieser unreinen Luft leben. Die Fürsorge des Urhebers der Welten aber hatte in dem unendlichen Reichthume des Pflanzenreiches diesem Uebel abgeholfen. Die schon auf den höchsten Urgebirgen und Uebergangsgebirgen wachsenden Steinflechten, Mooße, Schwämme, jährlichen und perennirenden Pflanzen, Sträucher und Waldbäume verbreiteten sich nunmehro auch in die niedrigeren Gegenden, welche vom Wasser waren befreyet worden. Ein jedes dieser Gewächse hatte seinen eigenen, von allen anderen verschiedenen Wuchs, verschiedene Blätter, Blüthen und Früchte. Einige derselben reiften in einem sehr kurzen Zeitraume, andere in einem längeren; viele verlebten ihre ganze Dauer in wenigen Stunden, andere hingegen brauchten Jahrhunderte zu ihrem Leben. Die Tausende von kleinen Mündungen, die überall in den Wurzeln, Stämmen und Blättern der Pflanzen sich befinden, saugen die mit Wasserstoff, Sauerstoff und Kohlenstoff vermischte Stickluft bey Tage mit großer Begierde ein, und befreyen nicht nur den Luftkreis von diesen zum Theil dem thierischen Leben schädlichen Stoffen; sondern sie hauchen zugleich auch die bessere Lebensluft oder den sogenannten Sauerstoff (oxygene) aus ihren Blättern in Menge aus. — Der Luftkreis ward also durch die Pflanzen mehr und mehr von den ihn verdunkelnden Dünsten befreyet. Die trüben Wolken theilten sich, die gereinigte Luft heiterte sich auf. Wären damals schon vernünftige Bewohner auf der Erde vorhanden gewesen, so hätten sie können die Sonne in ihrem

wohl-

wohlthätigen und belebenden Glanze des Tages, und das sanftere Mondenlicht, nebst den funkelnden Gestirnen des Nachts erblicken. Die erwärmenden und belebenden Strahlen der Sonne, beförderten nun kräftigst und auf das wohlthätigste das Wachsthum der Pflanzen. Die Lüfte reinigten sich mehr und mehr von schädlichen Dünsten, und wurden also zur Aufnahme der organischen Thierwelt vorbereitet.

§. 27.

Die vom zurückgetretenen Weltmeere entblößeten Berg= und Erdstriche, hatten nun auch überall die Ueberkleidung von Pflanzen und Gewächsen bekommen, welche gleichfalls in der Folge der Zeit veralteten, und durch die Verwesung in Dammerde oder Gartenerde übergingen, und neue Schätze von ernährenden Theilen für zukünftige Generationen von Gewächsen aufbewahrten; so daß selbst die ebene Erde sowohl, als die Gebirge und die zwischen denselben liegenden Thäler mit großen Waldbäumen, mit kriechenden und rankenden Pflanzen, mit Palmen und Schilfgewächsen, und allen Arten der Farrenkräuter, selbst den großen Baumartigen in kurzer Zeit reichlich überwuchsen. — Der in seine neuen Behältnisse und Tiefen getretene Ozean füllte sich mit Millionen von Wurmthieren, Schaalenthieren und Insekten, mit Fischen und Amphibien, mit Robben und Wallfischarten. Die Flüsse, Sümpfe und stehenden Seen wurden gleichfalls mit Würmern, Insekten, Fischen und Amphibien, die dem Wohnorte angemessen waren, bevölkert. Die Luft ward mit gefiederten Thieren aus der Vögelklasse, mit geflügelten Insekten und mit herumflatternden Fledermäusen belebet. Die Erde
selbst

selbst bekam ihre eigene Arten von Gewürmen und unzählbare Heere von wirksamen, thätigen Insekten; sie ward mit Fröschen, Eydechsen, Schildkröten und Schlangen besetzet; ferner mit Vögeln, deren lauttönendes Gezwitscher die Wälder mit ihrem Nachhalle erfüllten, belebet, und endlich mit allen den mannigfaltigen Arten der Säugethiere bevölkert. Von den kleinsten, kaum einige Gräne wiegenden Mäusegeschlechtern, bis zum Löwen, dem Könige der Wälder und dem Knochenberge des Elephanten, dem Nashorn und dem Riesenbüffel, Arni, füllte sich die Oberfläche der Erde mit diesen ersten belebten, mit Willkühr versehenen organischen Geschöpfen; und es ward nun diese Bekleidung mit Pflanzen und diese Belebung mit Thieren zu einer erhabenen, großen Scene von weisheitsvollen, in einander greifenden Mitteln und Zwecken.

§. 28.

Diesen bisher angezeigten, zur Ausbildung, Bekleidung und Belebung der Oberfläche der Erdkugel wirksamen großen Veränderungen, kann man überall, in dem Baue der Urgebirge und Uebergangsgebirge deutlich nachspüren, und wenn man unpartheyisch dabey verfährt, sich von der Wahrheit unserer Vorstellungsart darüber überzeugen. — Allein sobald man den jetzigen Zustand der niedrigeren Gebirgsarten, und die jetzige Gestalt und Begränzung des festen Landes durchs Weltmeer auf unserer Erdkugel einer genauern Untersuchung unterwirft; wird man nothwendig darauf geleitet, daß unser Erdball, außer den bisher angezeigten, noch eine große und allgemeine Veränderung, durch eine allgemeine

gemeine Fluth erlitten habe, welche in ihrer Richtung, von Südwesten nach Nordosten gegangen ist.

§. 29.

Wir finden auf der jetzigen Erdenoberfläche große Strecken, die entweder eine große todte Ebene, oder doch nur kleine wellenförmige Hügel ausmachen. In dem Busen dieser Gegenden findet man, an mehreren Orten, Lagen von todten Konchyliengehäusen, Madreporen und Fischgräten, die so wie die Faluns oder die Falunieres von Touraine in Frankreich, 20 Fuß tief, auf einem Umfange von 9 Quadratstunden (lieues) ganz zertrümmert und zerbröckelt liegen. — An anderen Orten, werden die Hölzer ganzer Waldungen in ungeheuren Lagern zusammengetrieben, halb oder ganz verweset und von allerhand Salzen durchdrungen angetroffen. Ja oft sind diese Hölzer, sogar ganz in S t e i n = k o h l e n f l ö t z e umgeschaffen, und in vielen abwechselnden Schichten übereinanderliegend begraben worden. Zuweilen findet man über diesen Steinkohlenflötzen, in mergelartigen und schieferthonartigen Schichten, die Abdrücke von Farrenkräutern, von Schilfgewächsen und Kannenkraut (Equisetum). In dem Gerölle der Seifengebirge, hat man ganze Stämme der alten Wälder, zum Theil in Stein verwandelt, oder mit Steintheilchen in ihrem inneren Baue durchdrungen, entdecket. — Rund um den Aetna, in einer Höhe von 2400 Fuß über der jetzigen Meeresfläche, findet man Schichten von Schaalthieren. Ja auf den Andesgebirgen in Peru hat man sogar 14022 Fuß hoch, über der jetzigen Meeresfläche Konchylien gefunden. — In unserem Deutschlande, bey Burgtonna im Thüringischen, im Mansfeldischen,

im

im Heffendarmstädtischen und an anderen Orten hat man die Zähne und Gerippe von Elephanten, und sogar von Nashörnern, Löwen und anderen afrikanischen Thieren entdecket. (Siehe des Kriegsrath Merck Lettre troisieme à M. George Forster.) In Sibirien, längs dem Lena und Wjilui und in anderen Gegenden dieses kalten Weltstriches, liegen ungeheure Gerippe von Elephanten, Nashörnern und Riesenbüffeln, welche nur in den dicken Wäldern des heißen und fruchtbaren Indiens sich aufhalten. — Eine ganze Kette von Bergen, an denen die deutlichsten Spuren, von ächten Kennern sind entdecket worden, daß sie ehemals brennende Vulkane und also nicht weit vom Meere gewesen sind, die befinden sich jetzt sehr weit vom Meere entfernet, und die großen sie vom Meere trennenden Erdstrecken, bestehen aus lauter aufgeschwemmten Erdschichten, bis zum Meere hin. — Diese Thatsachen sprechen unstreitig entscheidend dafür, daß auf unserer Oberfläche der Erde, eine große und allgemeine Veränderung vorgefallen seyn müsse, seitdem dieselbe war mit Pflanzen und Thieren belebet worden; daß große Strecken jetzt vorhanden sind, welche ehemals mit neuen aufgeschwemmten Erdschichten über dem flachen Meeresgrunde, sich zum festen Lande erhoben haben; und daß wahrscheinlich alle diese Veränderungen, durch große Fluthen sind verursacht und erzeugt worden. — Allein zu erklären, wie es damit zugegangen sey, darin liegt die große Schwierigkeit!

§. 30.

Wenn man die jetzige Gestalt unserer Erde, und wie dieselbe überall nach den neuesten Entdeckungen, vom Meere

Meere begränzet wird, genau erwäget, so müssen einem nachdenkenden Forscher, diese Gestalt und manche sie begleitenden Umstände, äußerst merkwürdig und wichtig werden. — Als der berühmte Weltumsegler Cook im Jahre 1772, mit seinem Gefährten Furneaur im November vom Vorgebirge der guten Hoffnung ins südliche Weltmeer auf Entdeckungen ausfuhr, da ließen uns die Nachrichten des Schiffhauptmanns Lozier Bouvet (Siehe Histoire des Navigations aux Terres australes. Tom. II, p. 255.) vom Jahre 1739, so wie auch die des älteren Binot Paulmyer de Gonneville, welcher 1503 ein Südland entdeckt und sogar einen jungen Einwohner des Landes nach Frankreich mitgebracht hatte; (S. Mémoires touchant l'Etablissement d'une Mission chretienne dans le troisieme monde ou Terre australe, à Paris 1663. und Hist. des Navigat. aux Terres australes Tome I. p. 102 — 120.) beynahe mit Gewißheit ein neues Südland und neue Thiere, neue Pflanzen und Mineralien, so wie auch Einwohner von einem vielleicht ganz besonderem Menschenstamme erwarten. Allein nachdem wir 28 Monathe lang die südlichen Meere vergeblich nach diesen Ländern durchkreuzet, und kaum ein paar öde, mit ewigem Schnee und Eise bedeckte Felsen, die bloß von Robben, Albatrossen und Pinguins bewohnet wurden, gefunden hatten; da sahen wir es überzeugend ein, daß unsere Hoffnungen ganz vergeblich gewesen waren, und wurden also ganz überzeugt, daß die südliche Hälfte unserer Erdkugel, südwärts vom Vorgebirge der guten Hoffnung, von van Diemens Land, und von den magellanischen Ländern, nur von einem großen, öden, unfreundlichen

Welt-

Weltmeere bedecket wird. — Wer den festen, beharrlichen Charakter Cook's, mit den auf seinen Karten angegebenen Linien seiner Fahrten, bis ins ewige Eis der Südsee vergleichet, dem wird wohl kein Zweifel über die Gewißheit dieser Behauptung übrig bleiben.

§. 31.

Nachdem mein verewigter Sohn und ich, im März 1775, mit Cook aus Vorgebirge der guten Hoffnung zurückgekehret waren, besuchten wir auch die Bay Falso, und erkletterten die westwärts von der Wohnung des Commendanten gelegenen steilen Berge. Sie bestehen durchgängig aus Syenit und erneuertem Granite. Allein die äußerste Spitze von Afrika ist ein hohes, gegen das Meer ganz steiles Urgranitgebirge. Der Tafelberg ist auch ein Urgranitblock. Höchst wahrscheinlich bestehen die vom 24sten bis 26sten Grade südlicher Breite sich erstreckenden hohen Gebirge, welche an das kalte, öde Buschmännerland gränzen, und die oft mit Schnee bedeckt sind; ferner die östlichen Schneeberge im Kambedogefilde, und die nordwärts von den Gonaquas laufenden Schneeberge aus lauter Urgranite. — Die übrigen an der Südspitze von Afrika gelegenen Gebirge sind theils Uebergangsgebirge, theils aber Flötze, wie solches von mir, mit mehrerem in der Anmerkung zu le Vaillants Reise nach Norden in Afrika, Band I. S. 129 = 131. ist gezeiget worden.

§. 32.

Als ich auf diesem südlichsten Granitgebirge von Afrika stand, und daselbst den unermeßlichen von uns beschifften Ozean im Süden vor mir sahe, und dem Gedanken,

danken, daß diese steile Felsenwand den Fluthen des Weltmeeres seit Tausenden von Jahren trotz geboten und es da begränzet hatte, so ruhig und einsam nachdachte; da fiel ich zuerst auf die Bemerkung, welche ich auch in meinen Observations S. 12. 13. angeführt habe, daß alle Südspitzen unseres Erdbodens den allgemeinen Charakter haben, daß sie in ansehnlicher Höhe über die Meeresfläche sich erheben, daß sie felsicht sind, und aus Urgebirgen bestehen; daß ostwärts von diesen Landspitzen, in einer etwas nach Norden gehenden Richtung, allemal eine oder mehrere Inseln gelegen sind; und daß westwärts an den nach Norden zu laufenden Küsten, das Land allemal einen ansehnlichen Busen einschließet.

§. 33.

Da wir nun einmal in Afrika sind, wollen wir im alten Welttheile bleiben, und unsere Untersuchung auf die Karte von Afrika wenden. Das berühmte Vorgebirge der guten Hoffnung ist eine etliche tausend Fuß über der Meeresfläche sich erhebende Spitze von Urgranite. Westwärts läuft die Küste gerade nach Norden, und in einer kleinen Abweichung nach Westen, und bildet jenseits der Linie an der Küste von Guinea einen großen Busen. Dieser Küste parallel sind in einer mäßigen Entfernung große und sehr hohe, zuweilen mit Schnee bedeckte Granitberge. Von diesen Urgebirgen bis aus Meer ist das Land, theils mit Uebergangsgebirgen und mit Flözen, theils mit aufgeschwemmten Strekken bedecket, und vorzüglich ist die ganze Gegend reich

an

an Salzquellen und Salzbächen, und selbst der Boden ist ganz vom Salze durchdrungen, und daher überall mit Salzpflanzen bevölkert. — Ostwärts geht die Küste lange in einer östlichen, mit weniger Abweichung nach Norden zu laufenden Richtung; endlich wendet sich dieselbe von Ekeberg's Spitze an, ganz nordostwärts. Jenseits dem Wendezirkel trennt das Meer die Insel Madagaskar vom festen Lande, durch den Kanal von Mozambike, und überall sind bey den Inseln von Komoro, den Admiranteinseln und den Mahé= oder Seschelleinseln, Felsenspitzen, Sandbänke und Untiefen, als Ueberbleibsel und Spuren einer durch Fluthen zerrütteten Gegend.

§. 34.

Geht man in derselben Richtung nordwestlich weiter, so stößet man auf die südlichste Spitze von der westlichen Halbinsel Indiens, oder das Kap Komorin. Nach den Nachrichten solcher Reisenden, die ich mündlich drüber befragt habe, ist dies Vorgebirge ansehnlich hoch, felsicht, und das südlichste Ende, des diese Halbinsel von Norden nach Süden zu durchlaufenden gatteschen Gebirges, und also wird es höchstwahrscheinlich zu den Urgebirgen gehören. Nach Westen hin sind die gatteschen Berge der Küste sehr nahe, und ihre Vorgebirge erstrecken sich oft bis ans Meer. Nordwärts nach Kamboja, und weiterhin, beym Ausflusse des Indus oder Sind, bildet die Küste den indischen Busen; dessen Gewässer durch die Straßen von Ormuz und Bab el Mandeb zwischen hohen Gebirgen, in die oft seichten und mit Felsen und Untiefen angefüllten persischen und arabischen Meerbusen in ei-

ner

her nordwestlichen Richtung bis zur Mündung des Phraths und Tiglaths, und bis Suez in Aegypten sich scheinen einen Weg, mit großer Gewalt eröfnet zu haben. — Längs den gatteschen Gebirgen in einer geringen Entfernung von der malabarischen Küste liegen die Lakediven und Malediven, Inselgruppen, welche von Südwesten nach Nordosten hin, durch gewaltsame Durchbrüche in mehrere kleinere Inselsammlungen, die man Atollons nennt, abgetheilt worden sind. — Ostwärts vom Kap Komorin läuft die Küste nordöstlich, und das Meer trennt die Insel Zeilan vom festen Lande der Küste Koromandel. Nur bey der Insel Manar sind seichte Stellen und Inseln, welche Spuren einer ehemaligen gewaltsamen Trennung der Insel Zeilan vom festen Lande zu seyn, das Ansehn haben.

Anmerkung. Da die vorliegenden höheren Länder im Inneren von Indien und Persien und längs den südöstlichen Küsten von Arabien die Fluth, die diese Veränderungen zuwege brachte, gleichsam nordwestwärts hinwiesen; so konnte diese Fluth nicht anders, als durch die Straße von Ormuz eindringen, und mußte da, längs den nordwärts gelegenen hohen Gebirgszügen fortlaufen, bis zur Mündung des Phraths und Tiglaths, wo sie vielen Sand und Schlamm und felsichte Untiefen, nebst einigen Inseln zurück ließ. An der südwestlichen flachen Küste, verursachte sie gleichfalls Untiefen, und setzte weit ins Land hinein, lauter Sandschichten ab. — Zwischen den Gebirgen von Jemen in Arabien, und denen in Donkala in Habessinien, drängte sich die Fluth zwischen den Felsen durch, machte da die Insel, das Vorgebirge, und die Straße Bab el Mandeb. Die westwärts im ägyptischen Arabien gelegenen hohen Gebirgsketten schränkten die Fluth ein. Am Ende des Busens hinderten Horeb und Sinai ihren weiteren Fortgang in gerader Linie; daher entstanden an den beyden Seiten dieser Berge schmale Meerbusen, davon einer westwärts bis Suez gehet, und der andere ist ostwärts, bey Kalaat el Akabah geendiget. Die niedrigere arabische Küste ward ganz mit aufgeschwemmten Erdschichten

ten bedecket und mit Salztheilen durchdrungen, welche
ungesunde Dünste besonders in Tahama und bey Lo=
heia nachlassen.

§. 35.

Im Südosten der bisher beschriebenen Länder finden
wir das große Land Neu=Holland, dessen südlichste
Spitze von dem Schiffshauptmanne Abel Jaußon
Tasman 1642 entdecket, und von ihm, so wie vom
Weltumsegler Furneaur vorgestellt wird, als Land,
welches mehrere hohe, felsichte Erhöhungen zeiget; nebst
hohen felsichten vorliegenden Inseln. — Westwärts
bildet Neuholland, so weit es in Peter van Nuyts
Lande bekannt geworden ist, einen großen Busen, wel=
cher dieses Land im Ganzen, dem Umrisse nach, der
Gestalt von Afrika ziemlich ähnlich macht. — Ostwärts
von dieser Südspitze gehet die Küste in einer beynahe
nordlichen Richtung, und in einer nicht zu großen Ent=
fernung findet sich das in zwey große Inseln getheilte
Neuseeland, welche durch die Cooksstraße ge=
waltsam getrennt zu seyn scheinen. Die Inseln Howe,
Middleton und Norfolk nebst einigen da herum
befindlichen Untiefen, sind wahrscheinlich auch die Spu=
ren von einer einstmaligen großen Veränderung in diesen
Meeren.

§. 36.

In Amerika endiget Kap Froward in der magel=
lanischen Meerenge, das feste Land des neuen Welt=
theils nach Süden zu. Bey dem Kap San Nico=
las und der Stadt Arequipa bildet die Küste von
Amerika einen westlichen Busen. — Die magellanische
Meerenge trennt gegen Süden und gegen Osten das
Feuer=

Feuerland nebst dem Staatenlande von dem festen Lande, und noch weiter östlich, sind die Falklandsinseln gelegen. Das Kap Froward ist eine hohe felsichte Spitze; das Ende der Kette vom Andesgebirge, welches ganz Südamerika von der Landenge bey Panama bis zu der Meerenge nahe an der westlichen Küste durchläuft, und obgleich überall in dieser Gebirgskette sehr viele Vulkane vorhanden sind, so ist doch der Ueberrest ohne Zweifel ein Urgebirge. — Das Feuerland, besonders der westliche und südlichste Theil desselben, zeigt in den vielen herumliegenden felsichten Inseln, in den tiefen Straßen zwischen denselben, in den feuerspeienden Bergen, welche den Namen des Landes veranlasset haben; so wie in dem zertrümmerten Staatenlande, mit den vorliegenden Neujahrsinseln und den ganz zerstückten Falklandsinseln Spuren genug von einer ehemaligen gewaltsamen Zerrüttung dieser Länder.

§. 37.

Gehen wir mit der Untersuchung der Gestalt und Begränzung der Erdkugel, in Amerika in die nordliche Hälfte unseres Erdballs über, so finden wir an der östlichen Seite von diesem Lande, zwischen der Linie und dem Wendekreise des Krebses, den tiefen bis zur Landenge von Panama eingedrungenen Meerbusen von Mexiko, der ganz mit unzählbaren größern und kleinern Inseln, Felsen, Sandbänken und Untiefen übersäet ist. — An der nordöstlichen Ecke dieses großen Meerbusens finden wir die südliche Spitze von Florida oder Kap Sable, welches zwar gar nicht hoch, und daher auch kein Ueberbleibsel eines Urgebirges ist; allein

man

man siehet demungeachtet auch hie westlich von der Spitze
nach Norden hin, den ansehnlichen Meerbusen von
Neu-Orleans, nebst den tiefen Buchten von Mo=
bile und von Pensakola. — Ostwärts dieser Land=
spitze, sind in einer kleinen Entfernung von dem festen
Lande die Lukayischen, oder Bahamainseln,
nebst den noch weiter abgelegenen Bermudasinseln
und den sie umgebenden Untiefen. — Dieser tiefe
merikanische Meerbusen, mit seinen Inselngruppen, die
Bahamas und Bermudas, die beym Ausflusse des
Massaschippi befindlichen flachen pfützenartigen La=
chen, zeigen hinlänglich, daß auch hie dieselbe längs
der Ostküste von Amerika überall sich hinwälzende Fluth,
in die Vertiefungen eingedrungen sey, und diese merk=
würdigen Zerrüttungen erzeuget habe. Die vielen Ueber=
bleibsel von Bergtheer, von Bergpech und heißen Quel=
len in den westindischen Inselngruppen, scheinen zu be=
stätigen, daß diese große Veränderung zum Theil ist
durch unterirdische Feuer befördert und in diesen Gegen=
den mit veranlasset worden.

§. 38.

Noch weiter nordwärts an derselben östlichen Küste
von Amerika, ist in Nova Scotia die südliche Spitze
dieser Halbinsel, die gleichfalls Kap Sable heisset,
gelegen. Nordwestlich findet man die tiefe Bay von
Fundi; welche unter anderen auch darum merkwürdig
ist, weil es eine von denen Ortschaften oder Gegenden
ist, in welcher die Fluthen auf unserem Erdboden am
höchsten, nämlich bis über 40 Fuß englischen Maaßes
steigen. — Nordöstlich von dieser gleichfalls nicht ho=
hen Landspitze werden die ansehnlichen Inseln Kap Bre=
ton

ton und Neu=Fundland von dem festen Lande durch Kanäle getrennt; und noch mehr östlich sind die großen Untiefen oder Bänke gelegen, auf denen die Europäer schon seit Jahrhunderten, die so nützlichen Kabliau= und Stockfischfischereien mit gutem Erfolge treiben. Auch hie verkennt man nicht die Spuren einer zerrüttenden Fluth.

§. 39.

Rückt man mit der Untersuchung der Gestalt und Begränzung des Erdbodens weiter nach Nordosten, so trift man auf Groenland eine hohe felsichte Spitze oder das Kap Farewell, oder auch mehr östlich die Felsenspitze von Staatenhoek, welche beyde wahrscheinlich das südliche Ende eines nordlichen Urgebirges sind. — Die westliche Küste von Groenland wird von der Daviesstraße begränzet, und das Meer erstrecket sich ferner nordwärts in die tiefe Baffin'sbay, die vielleicht gar von lauter Inseln und gebrochenen Ländern eingeschlossen zu seyn scheint. — Nordostlich von Staatenhoek läuft die Küste von Groenland in manchen gebrochenen Begränzungen, bis dieses kalte Land durch eine Straße von der Insel Island getrennt wird, welche aber schon seit geraumer Zeit mit keinem Schiffe kann befahren werden, weil dieselbe ganz mit Eise, das daselbst unauflöslich feste liegt, bedeckt ist. — Noch ist diese Meergegend merkwürdig, weil da, wo Groenland von der Küste Labrador getrennt wird, eine Einfahrt, die man die Hudson'sstraße nennt, zu einem sehr großen innländischen Meerbusen, oder der Hudson'sbay führet. Gleich beym Eingange in diese weitläuftigen, noch wenig genau bekannten Gewässer, finden sich sehr viele Inseln und zerstückte Länder; bey

wel=

welchen die Seefahrer bemerket haben, daß diese Inseln östlich hohe felsichte Spitzen haben, die sich aber sanft nach Westen hin verflächen, und also deutliche Beweise von einer Fluth sind, welche ehemals erst längs der hohen Labradorküste nach Norden hinauf gegangen, ferner aber westwärts der Hudson'sstraße gefolgt ist, denn sich über die Inseln weggestürzt, und die mit fortgeschleppte Erde hinter den östlichen Felsenspitzen, in einer schrägen Linie nach Westen hin abgesetzet habe. — Die vielen nordlich von der Hudson'sstraße liegenden großen zerstückten Länder, die wahrscheinlich in die Baffin'sbay, ihre sie trennenden Gewässer ergießen, und die vielleicht durch lauter Inseln begränzte Baffinsbay zeigen hinlängliche Spuren von einer großen Fluth, welche hie die Länder ehemals zerrüttet und umgebildet haben muß.

§. 40.

Im Nordosten von Asien, ist die Halbinsel Korea, durch deren Mitte eine Gebirgskette läuft, die sich in der südwestlichen Spitze dieses Landes unweit dem Meere endiget. — Westlich von diesem Lande und der Landspitze befindet sich der Meerbusen von Hoang-Hay oder wie ihn auch andere schreiben, Whang-Hey, der das gelbe Meer bedeutet, und der sich weiter nach Norden, bis in die Nachbarschaft von Peking hin erstrecket. — Korea wird an seiner Ostseite durch die Straße von Korea von dem Inselreiche Japan oder Nipon getrennet, welches überall mit vielen kleineren Inseln, Felsen, Untiefen und sogar mit feuerspeyenden Bergen in nicht gar großen Entfernungen umgeben ist. — Alle diese Inseln und Untiefen sind

höchst

höchst wahrscheinlich Ueberbleibsel von Zerrüttungen, welche durch gewaltsame Fluthen sind veranlasset worden.

§. 41.

Weiter nordostwärts von Japan ist das Land, welches man jetzt unter dem Namen Kamtschatka kennt. Es ist so wie Korea eine Halbinsel, die sich im Süden, in einer zwar niedrigen Spitze bey der sogenannten Lopatka endiget; allein in der Nähe dieser Spitze sind nordwärts hohe Gebirge im Inneren des Landes, und sogar ein paar feuerspeyende Berge vorhanden. — An der ganzen Westseite von Kamtschatka ist das Meer von Ochotsk, und der penschinische Meerbusen gehet hoch nach Norden hinauf. — Oestlich von dieser Spitze befindet sich in einer mäßigen Entfernung die Bering'sinsel, die Kupferinsel und die ganze Kette der aleutischen Inseln, die sich bis an das amerikanische feste Land Alaschka erstrecket. In dem kamtschatkischen Meere, sind noch einige Inseln anzutreffen, als Preobrdschenie: Matfejew, Gore's, Clarke's, und King's-Insel nahe an der Beringsstraße, welche Asien von Amerika trennt. — Auch diese zerstreuten Inseln, die feuerspeyenden Berge der Gegenden und die hin und wieder merkwürdigen gefährlichen Untiefen, zeigen zur Gnüge, daß eine ehemalige große Zerrüttung diese Zertrümmerungen der Länder müsse verursachet haben.

§. 42.

Es sind nun von mir §. 33 = 41. neune, nach Süden zu gelegene Landspitzen unseres Erdballs beschrieben worden. Nur drey derselben sind niedrig und sandig, allein

allein sechs derselben sind hoch, felsicht und zum Theil die Endspitzen von Urgebirgen; und alle kommen darinn überein, daß nordwestlich von diesen Landspitzen große und tief in die Länder gehende Meerbusen sich befinden; und östlich oder nordostwärts von den Landspitzen eine oder mehrere Inseln, und eine Menge von Felsen und Untiefen angetroffen werden. — Diese neunmal wiederholte ähnliche Bildung und Begränzung durchs Meer ist auf unserem Erdballe ungemein auffallend, und kann unmöglich ganz zufällig seyn. Man hat vielmehr allen Grund zu dem höchst wahrscheinlichen Schlusse: daß diese gleichförmige Aehnlichkeit in der Bildung und Begränzung unseres jetzigen festen Landes durchs Weltmeer, die Wirkung einer sehr großen auf unsere Erdkugel und deren feste Länder allgemein gleichförmig und unwiderstehlich wirkenden Ursache seyn müsse. Da überdem unsere festen Länder im Norden, der Erdkugel keine so auffallend übereinstimmende Gestalten und Begränzungen haben, so trägt diese Bemerkung nicht wenig bey, den vorigen Schluß noch wahrscheinlicher zu machen.

§. 43.

Wir bemerkten schon oben, §. 34. 36. und 39. daß der persische, arabische und mexikanische Meerbusen, so wie die Gewässer der Hudsonsbay die deutlichsten Spuren an die Hand gäben zu muthmaßen, daß eine gewaltig zerrüttende Fluth, diesen höchst merkwürdigen Meerbusen ihre jetzige Gestalt, wo nicht gar ihre Entstehung veranlasset habe. — Gehen wir weiter in der Untersuchung der inländischen Meere,
so

so ist das mittelläudische Meer ebenfalls eines der merkwürdigsten, und das nicht nur Spuren der ehemaligen Zerrüttung derer dasselbe umgebenden Länder, sondern sogar seiner Verbindung mit anderen Meeren an die Hand giebt. — Gleich bey der Meerenge von Gibraltar kann man nicht umhin, die beyden diese Meerenge einschließenden steilen und hohen Gebirge, als die Ueberbleibsel und Pfeiler eines Zweiges des Atlasgebirges, und die Meerenge selbst, als ein durchbrochenes tiefes Thal anzusehen, durch welches eine ehemalige unwiderstehliche Fluth mit großer Gewalt sich einen Weg eröfnet, und selbst auf den Felsen von Gibraltar Ueberbleibsel von Landthieren und Seethieren in einer Schichte aufgeschwemmter und in Stein verhärteter Erde zurückgelassen hat. — (S. Philos. Transf. Vol. LX. 1770.) Die Gruppe der balearischen Inseln, das von Sardinien jetzt durch eine Straße getrennte Korsika, die mit so vielen Vulkanen augefüllten liparischen Inseln, das von Italien allem Ansehen nach abgerissene Sicilien, nebst den Felsen und Strudeln der berüchtigten Scylla und Charybdis; die vielen und merkwürdigen Versteinerungen organischer Körper in der ganzen Kette der Apenninen und der südlichen Alpen; der tiefe adriatische Meerbusen und desselben vielen Untiefen am Ende desselben. Die an der dalmatischen und epirotischen Küste vielen vorliegenden Inselgruppen; die im Innern von Dalmatien entdeckten großen Thäler mit angehäuften Gerippen von Thieren und Ueberbleibseln organischer Wesen der Vorwelt; die nur durch die Felsen von Heramilia an Griechenland befestigte, sonst durch große Meerbusen davon getrennte Halbinsel Morea; die vielen

len großen und kleinen Inseln und Untiefen des Archi=
pelagus; die allem Ansehen nach gewaltsamen Durch=
brüche des Hellesponts in den Propontis, und
durch den thrazischen Bosporus in das schwarze
Meer, die gleichfalls von durchbrechenden Meeresfluthen
verursachte Straße von Kaffa aus dem Pontus in
das azowsche Meer; die Spuren des über die krim=
mischen Berge hingestürzten Meerwassers, welches die
taurischen nordlichen Ebenen mit häufigen Salzpfützen
angefüllet hat; die Lagen von Konchylien und Salzseen
längs und jenseits der Wolga, in der großen astra=
khanischen Steppe; das kaspische Meer selbst,
welches wahrscheinlich vor Zeiten mit dem Pontus,
dem Aralsee und allen den Salzpfützen der asiatisch=
kirgisischen Steppe bis zum Irtysch, dem Altaige=
birge und den bucharischen Gebirgen zusammen=
hing und entweder von Osten nach Westen durch ein Erd=
beben beym Berge Ida in Phrygien einen Abfluß aus
dem Pontus bekam und den Archipelagus und das
Mittelmeer anfüllte, oder dem die Fluth aus Süd=
westen zu Hülfe kam, das Mittelmeer füllte, die In=
seln bildete, den Hellespont und die Bosporos durch=
brach und also den Abfluß des im Osten bis zum Altai
stehenden Meeres beförderte, sind alle Beweise einer
Art; denn diese lange Bemerkung zeigt zur Gnüge, daß
in diesen Gegenden eine große gewaltsam zerrüttende
Fluth, alle die hier sichtbaren Spuren einer großen Ver=
änderung nachgelassen habe. Es hat nach der Beschrei=
bung von Taurien, die der Etatsrath Pallas (Neue
nordische Beyträge B. 7. S. 371=407.) geliefert hat,
das Ansehen, daß zwischen der Berda, dem Dniepr
und dem schwarzen Meere ehedem ein großes Granitge=
birge

birge gewesen, welches aber wahrscheinlich auf einem alten Steinsalzlager gelegen, und da selbiges von der S. O. Fluth geschmolzen ward, so stürzten die Granitberge südwärts ein. Ihre anliegenden Thongebirge im Süden der Krimm hatten eben solche Unterlagen von Kalch oder Salz, da denn ebenfalls die Lagen dieser Thon= und Kalchgebirge Uebergangsgebirge waren, südwärts wegschmolzen und verursachten, daß diese Gebirge dahinwärts einschossen. Die Ebene zwischen dem gesunkenen Gebirge und dem im Norden liegenden regenerirten Granitgebirge, ward durch aufgeschwemmtes Erdreich gebildet und behielt viele Salzlachen, die aus der Tiefe neue Salztheile bekommen. Es ist also hie eine sehr große Revolution vorgegangen: denn das Meer floß nun in jene Gegenden ein und veränderte diese ganze Gegend.

§. 44.

Zwischen Frankreich und England ist der sogenannte brittische Kanal, der bey dessen westlichsten Anfange, bey den Scilly Eylanden am tiefsten ist, nämlich von 70 bis 79 Faden; gegen über der Insel Uschant und der Spitze von Landes End von 60 bis 69 Faden; zwischen Exeter und der Insel Guernsey von 50 bis 59 Faden; zwischen der Insel Wight und Kap Barfleur von 40 bis 49 Faden; zwischen Brighthelmstone und Dieppe von 30 bis 39 Faden; und in der Meerenge selbst zwischen Dover und Calais 20 bis 29 Faden. Hie ist die kleinste Tiefe. (Siehe Jefferys Description of the maritime parts of France. London, 1761. folio oblongo, wo auf der 9ten Kupfertafel, eine Vorstellung und Durchschnitt des Kanals mit allen

allen seinen Tiefen gefunden wird.) Ostwärts von der
Meerenge nimmt die Tiefe wieder zu. Allein beym
Ausflusse der Themse, längs der flandrischen
Küste, und in der Nordsee befinden sich große Flächen
und sogenannte Bänke, von denen die Doggersbank
und die lange Bank, nebst andern bekannt sind. —
Diese allmählige Abnahme der Tiefe im Kanale, fer=
ner die Untiefen und Flächen östlich von der Meerenge,
und die große bis zur Täuschung auffallende Aehnlichkeit
der Küste in Großbritannien und Frankreich, so wie die
Muthmaßungen der alten und neuen physischen Schrift=
steller bestätigen die Vermuthung, daß Gallien und
Britannien ehedem zusammengehangen haben, und
daß eine südwestliche Fluth sich nach Nordosten hin bewe=
get, das Land durchrissen; in der Meerenge die geringste
Tiefe nachgelassen, die Erde und den Abraum mit sich
fortgeschleppet und dadurch die Untiefen und Bänke ost=
wärts in der deutschen Nordsee abgesetzet habe.

§. 45.

Die Ostsee oder das baltische Meer hat west=
wärts die Halbinsel von Jütland, welche nicht nur
unstreitige Spuren von aufgeschwemmtem und durch den
Durchbruch der Fluth bey Dower und Calais mit
fortgerissenen Erdreiche hat, sondern wir finden noch
selbst nordwärts dieser Halbinsel den Skager=Rak,
oder eine weit über die Halbinsel hinausgehende, für die
Schiffenden sehr gefährliche Untiefe von weitem Umfange.
Die vielen östlich von Jütland liegenden ebenfalls von
aufgeschwemmtem Erdreich gebildeten und vom Sunde
und den beyden Belten getrennten Inseln Seeland
und Fühnen; wie auch Alsen, Femern, Lange=
land,

land, Falster, Möna, Rügen, Bornholm, Oeland, Gothland, Aland, Oesel und Dagho nebst unzähligen kleinen Inseln und isolirten Felsen und Untiefen der Ostsee sind eben so viele Beweise und Ueberbleibsel einer großen Veränderung und Zerrüttung dieser Gegenden durch eine große zerstörende Fluth. Selbst die Ueberlieferung oder Sage, daß ehemals die Kimbern oder Kiämper von einer außerordentlichen Fluth wären aus ihren Wohnungen auf Jütland vertrieben und genöthiget worden neue Wohnungen zu suchen, zeigen wenigstens so viel an, daß diese Gegenden mehreren großen verheerenden Fluthen von jeher sind unterworfen gewesen. Ja die beyden tief ins Land hineingehenden Meerbusen von Bothnien und von Finnland, sind Spuren, daß das Meer sich ehemals gewaltsam tief ins Land hineingedränget habe.

§. 46.

Wenn man die von Westen nach Osten, oder die von Südosten nach Nordwesten laufenden Gebirgsketten auf unserem Erdballe genau untersuchet, so findet man: daß diese Gebirge an der Südseite und Südwestseite fast durchgängig jähe und prall sind; dahingegen sind diese Gebirge, mit einer gelinden Abdachung und großen Strekken aufgeschwemmter Erdschichten an der Nord- und Nordostseite verbunden, welche mit allerley Ueberbleibseln organischer Körper der Vorwelt angefüllt sind — Die Pyrenäen sind an der spanischen Seite jähe und steil; allein an der französischen Seite kommen sie unter gelinderen Abstufungen in einer schrägeren Abdachung bis zu

den

den Ebenen herab, welche unter dem Namen die Landes de Bourdeaux bekannt sind. Weiter nordwärts sind in Touraine die Faluns oder Falunierès (§. 29.) oder 18 bis 20 Fuß tiefe Lagen von todten Konchyliengehäusen, Madreporen und Fischgräten, welche einen Umfang von 9 Quadratstunden unter der Erde einnehmen und eine Masse von mehr als 130 Millionen kubischen Lachtern ausmachen. Ganz Bretagne, Normandie und Pikardie, nebst dem ganzen Belgien ist auch eine solche Strecke aufgeschwemmter und mit Ueberbleibseln der organischen Urwelt angefüllter Erdschichten. (S. Franc. Xavier de Burtin Oryctographie de Bruxelles in Folio, mit 32 illuminirten Kupfern 1784.) — Gehen wir zu den Alpen an der italiänischen Seite, so finden wir jähe, pralle Gebirge, die sich an der Nordseite gegen die Schweiz und Deutschland in sanften Abdachungen verflächen; und die weiterhin sich in aufgeschwemmten Erdschichten mit Ueberbleibseln von Thieren und Pflanzen der Urwelt endigen. — Der Habichtswald, nebst dem Harzgebirge haben gegen Süden jähe und pralle Höhen, dagegen verflächen sie sich in gelinden und schrägen Richtungen gegen Norden, und bis in Holland und Westphalen sind aufgeschwemmte Erdschichten mit manchen Trümmern der organischen Urwelt. — Das sächsische Erzgebirge vom Fichtelberge bis zur Schneekuppe, und eben so das Riesengebirge, sind von der böhmischen Seite weit steiler und mehr prall, als an der sächsischen Seite, da sie sich in sanften Abhängen allmählig bis zur Flötzgegend und den aufgeschwemmten Strecken jenseit der Elbe, Oder und Weichsel am baltischen Meere hin verlieren. — Die Karpathen

mit

mit ihren häufigen Urkalchspitzen, sind von der ungari=
schen Seite sehr jähe Gebirge. Dahingegen nimmt ihre
Höhe an der Nordseite nach Gallizien hin sanftver=
flächend ab, und verliert sich längs der Ostseite der
Weichsel, bis ans baltische Meer, an die Seen
Ladoga und Onega, bis zum weißen Meere und
dem nordlichen Eismeere am Ausflusse des Obflusses.
— Die an der südlichen Küste der Halbinsel Krimm
laufenden Gebirge sind von der Meerseite ganz jähe und
steil, dahingegen verlaufen sie sich in sanften Abhängen,
nach den aufgeschwemmten und ganz mit Salzlachen
angefüllten Strecken der nordlichen taurischen Halb=
insel, bis jenseit der mäotischen Seepfützen in der
großen Steppe zwischen dem Dniepr, dem Don und
der Wolga. — Das kaukasische Gebirge hat
jähe Felsen und pralle Wände von Gebirgen nach der
südlichen Seite desselben; allein es gehet in saufteren
Abhängen nach dem Terekflusse und den aufge=
schwemmten Gegenden, welche sich zwischen dem Don
und der Wolga, so wie jenseits der Wolga, bis
zum Ural oder Jaikflusse und von da durch ganz
Rußland bis zum nordlichen Eismeere erstrecken. —
Selbst die Gebirge des Altai, sollen an der südwestli=
und südlichen Seite ungemein schwer zu ersteigende und
wegen ihrer Jähe und steilen Lage merkwürdige Urgebir=
ge haben; die sich aber nach der nordwestlichen und nord=
lichen Seite in minder jähen Abhängen, und in allmäh=
lig schrägen Richtungen, bis zu den großen aufge=
schwemmten Gegenden Sibiriens, die nur vom kalten
Eismeere begränzt werden, erstrecken; und die selbst
noch das Meer dazu mit ihrem Schlamme untief gemacht
haben. Ja sogar das Gebirge Imaus in Indien

(wel=

(welches die Tataren in ihrer Sprache Mus=Dag, den Eisberg nennen) soll eben die Beschaffenheit seiner Bergkette haben; von Süden aus sind schwer zu ersteigende steile Höhen, und an der Nordseite verflächet sich das Gebirge sanft nach den großen kirgisischen Steppen; die hoch liegende aufgeschwemmte Gegenden sind. — Alle diese auffallenden prallen und jähen Lagen der großen Gebirgsketten an der Südwest= und Südseite in der alten Welt sind mir zum Theil aus Schriften, zum Theil aus dem Zeugnisse der Augenzeugen bekannt; so wie auch die sanfteren Abdachungen an der Nord= und Nordostseite, und geben also eine Art von Beweis an die Hand, daß die große Veränderung unserer Erdkugel von einer aus Nordwest nach Nordost gehenden allgemeinen Fluth sey verursachet worden. Die Gebirge von Afrika, von Amerika und von Neuholland sind uns bisher zu unbekannt, als daß wir von ihrer Richtung und ihren jähen oder gelinden Höhen urtheilen könnten.

§. 47.

Wenn man die Nachrichten der Russen, welche das Eismeer nordwärts von Sibirien zu befahren versucht haben, nachlieset, so findet man, daß sie alle darin übereinstimmen, 1) daß zwar alle Jahre im Sommer längs den Küsten das Meer von Eise befreyet werde; allein es sey das Meer daselbst doch seichte und flach, und daher nur mühsam mit kleinen Fahrzeugen zu befahren. 2) Daß weiterhin nach Norden etwa bis sieben Grade vom festen Lande, das Eis ordentlich wie hohe Gebirge aufgethürmet und ganz feste sey, so daß es sich nie ablöse, und also wahrscheinlich wegen seiner Höhe

auch

auch sehr tief im Wasser seyn, und demnach wohl 3) auf dem Grunde des daselbst sehr flachen Meeres aufliegen müsse. (Siehe russische Sammlungen Theil 3. Nachrichten von Seereisen und zur See gemachten Entdekkungen, die von Rußland aus längs den Küsten des Eismeeres und auf dem östlichen Weltmeere gegen Japan und Amerika geschehen sind.) — Diese demnach erwiesene Untiefe des Eismeeres nordwärts von Sibirien, das vom Gebirge Imaus und vom Altai an bis zum Meere eine aufgeschwemmte Ebene ist, lässet ganz natürlich vermuthen, daß dieselbe Fluth, welche von Süden und Südosten die Ebenen Sibiriens mit neuen Erdschichten versah, auch vielen Abraum und Erde und Schlamm bis an den nordlichen Ozean geführet und ihn seichte gemacht haben werde: so daß nunmehro das Eis bis auf den Grund des Meeres fest sitze. Da nun durch den jährlichen beträchtlichen Zuwachs von Schnee im Winter, und dem ihn im Sommer in Eis verwandelnden Regen, diese Eisberge zunehmen, so kann nicht leicht diese Eismasse wieder aus dem Nordmeere sich gänzlich verlieren. — Indessen so ist doch diese Untiefe des nordlichen Eismeeres über Sibirien, ein hinlänglicher Beweis einer ehemaligen merkwürdigen Versetzung des Erdreichs und Abraums aus dem Süden und Südwesten nach Norden und Nordosten.

§. 48.

Geben wir uns noch ferner die Mühe, die Fahrten meiner beyden verewigten Reisegefährten und Freunde, Cook's und Clarke's, in dem Meere zwischen Asien und Amerika zu betrachten; so ergiebt sich aus den

Nach=

Nachrichten dieser großen Seemänner, daß sie sogar noch in der Beringsstraße, welche Asien von Amerika trennet, Inseln entdecket haben, und daß nordwärts der Straße bis zum 70sten Grade hinauf das Meer überall seichte, ja selbst wo es am tiefsten war, nicht über 29 bis 30 Faden tief gewesen; daß auch näher nach den beyden Continenten die Tiefe merklich abnimmt. (S. des Capitain Jakob Cook's dritte Entdekkungsreise, Berlin 1788. 4. Band 2. Seite 402.) Die vielen zwischen Kamtschatka in Asien und Alaschka in Amerika gelegenen Inseln und zerstückten Länder, die Inseln nordwärts der von Kamtschatka bis Alaschka reichenden Inselkette, die Vulkane dieser Gegenden, die Meerenge selbst, und die auffallende Untiefe jenseits derselben, bestätigen die wahrscheinliche Vermuthung, daß eine südliche oder südwestliche Fluth, die Länder zwischen Asien und Amerika und selbst die Meerenge durchrissen und die dadurch weggespülten Erdtheile bis jenseit der Meerenge fortgeführet, daselbst abgesetzet und das Meer verflächet habe.

§. 49.

Wenn man ferner bemerket, daß die aufgeschwemmten Erdschichten und die Flötzlagen, so wie die Gerölle der Seifengebirge unter und zwischen ihren Lagen, Schichten und Abraume sehr oft allerley Ueberbleibsel und Spuren der organischen Körper der Vorwelt, theils ganz unversehrt, theils ganz verweset und nur mit sparsamen Spuren der organischen Schöpfung die daran übergeblieben sind, theils aber durch Zusatz anderer Stoffe ganz umgewandelt enthalten; so müssen bey der Untersuchung dieser organischen Ueberbleibsel, viele sehr merk-

merkwürdige Erscheinungen, dem aufmerksamen und unpartheyschen Forscher sich darbieten (§. 29.). Es werden nämlich unmittelbar über diesen Flötzlagen Abdrücke von Farrenkräutern und anderen Gewächsen gefunden, von denen die mehresten nach den Bemerkungen des genau beobachtenden Jussieu nirgendswo, als allein im warmen Afrika und Amerika gefunden werden. Man siehet auch Abdrücke von baumartigen Farrenkräutern (Filices arboreae) und ihren Baumstämmen, an denen man noch die Spuren der abgefallenen Stiele der großen Blätter, in ihrer Rinde bemerken kann. Ja man findet sogar in Stein verwandelte Stämme von baumartigen Farrenkräutern, welche im splintartigen und holzigen Theile des Stammes kleine länglichrunde, gemeiniglich mit einem weißen Steinstoffe angefüllte Saftgefäße zeigen. Dahingegen siehet man in der Mitte größere Saftgefäße des inneren markichten Theiles, welche allesammt eine längliche, gebogene, wurmähnliche Gestalt im Durchschnitte geben. Diese Ueberbleibsel von baumartigem Farrenkraut, werden von den Oryktognosten Staarsteine, wegen der bunten Flekken, die sie mit denen auf der Brust der Staare gemein haben, genannt. Da nun die baumartigen Farrenkräuter blos in warmen Gegenden wachsen, diese versteinerten Ueberbleibsel und Abdrücke derselben aber vorzüglich in Deutschland, England und Frankreich sind gefunden worden; so müssen sie von einer Fluth aus Süden oder Südwesten, in diese Gegenden seyn versetzt worden.

§. 50.

In den Flötzlagern und den aufgeschwemmten Schichten unseres Erdbodens, findet man, besonders in dem näher untersuchten nordlichen Theile desselben, die Hölzer ganzer Waldungen der Vorwelt in ungeheuren Lagern zusammengetrieben. Einige dieser Hölzer sind ganz deutliche Ueberbleibsel wahrer Hölzer der Vorwelt, indem ganze Bäume mit ihren Zweigen und Rinden in den Schichten liegen, die ganz unverweset vorhanden sind, so daß man einen großen Vorrath von Zweifelsucht übrig haben muß, um diese Bäume für etwas anders, als wahre Hölzer der Urwelt zu halten. Die ganze Rinde, der fadenartige Bau, die Aeste und oft auch die Wurzeln sind an ihnen noch erhalten worden. Einige haben noch überdem eine Tränkung oder Durchdringung von Harztheilen, wahrscheinlich durch Hitze erduldet, so wie die Surtur-Brandur in Island. Andere sind von Thontheilen und Vitriolsäure, auch mitunter von Meerwasser durchzogen; daher sie schwer brennen und im Brande übel riechen. Wieder andere sind in ihrem fadenartigen Baue ganz aufgelöset worden, mit Thontheilen gemenget, von Vitriolsäure und Meerwasser durchdrungen, und zu einem braunen erdartigen Stoffe umgewandelt worden. — Jedoch außer diesen Lagen von Hölzern der Vorwelt, sind auch Flötze von Steinkohlen nahe an den Uebergangsgebirgen anzutreffen. Diese sind gleichfalls aus den Hölzern der Vorwelt entstanden, denn bey einigen kann man den fadenartigen Holzbau gar nicht verkennen; indem sogar bey einigen dieser Flötze, hin und wieder Holzkohlen mit eingemengt sind. — Dahingegen sind durch eine Art von Aufweichung durch Meerwasser, vielleicht auch stehendes Sumpfwasser, viele dieser Hölzer gänzlich aufgelöset worden, ihre erdigen Theile sind mit dem von Säuren, z. B. Holzsäuren, Schwefelsäuren, gemisch-

tem zusammenziehendem Stoffe und Eisentheilen ge=
schwärzet, und denn noch mit Brennstoffen gemischet
worden; je nachdem die Auflösung vollkommener, oder
minder vollkommen vor sich gegangen war; je nachdem
mehr Säuren oder mehr harzige Brennstofftheile in diese
Masse sich eingemenget hatten, je nachdem wurden draus
Candle=Coal, Gagatkohle, Schieferkohle,
Blätterkohle, Glanzkohle, Fettkohle und
Erdkohle. Ueber den Flötzlagen dieser Kohlen erzeug=
ten sich Lagen von Schieferthon, von harzigem
Märgelschiefer, Märgel und Kalch, davon die
ersteren beyden oft Abdrücke von Waldpflanzen und mo=
rastigen Wasserpflanzen, als Rohrarten, Schilfarten,
Kannenkrautarten (Equisetum) und Farrenkrautarten
in sich beschließen. — Merkwürdig aber ist es, daß
diese mit Steinarten bedeckten Kohlenflötze, zuweilen in
sehr zahlreichen Schichten übereinander liegend sind ge=
funden worden: so daß z. B. unweit Lüttich, bey
St. Giles an die 61 dergleichen mit Kalchflötzen ab=
wechselnde Kohlenschichten, davon einige an die 5 Fuß
mächtig waren, sind gezählet worden, die alle zusam=
men einen Stoß von Flötzlagen ausmachen, die 3200
Fuß hoch sind, und die überdem bald hohl, bald erha=
ben gekrümmt sind, bald ganz wagerecht, bald aber
senkrecht stehen; und noch außerdem durch Sprünge
oder Wechsel getrennt sind; so daß diese Gegend noch
außer dem 61 mal wiederholten Absetzen der Schichten,
muß großen Veränderungen unterworfen worden seyn.
— Auf dem Holze in den Holzkohlenschichten und zwi=
schen denselben, findet sich auch das Bernstein, wel=
ches wahrscheinlich aus dem Harze der Bäume, an de=
nen es zuweilen noch feste sitzet und aus denen damit

gemeng=

gemengten Holzsäuren und Mineralsäuren entstanden ist. Allein aus denen durch die Hitze naher Erdbrände, von den Hölzern frey gesetzten Harzarten, die sich mit allerley Säuren verbanden, entstanden Asphalt, Bergpech und Naphtha; so wie auch der Bergtalg und der gegrabene Federharz. — Diese aus dem organischen Pflanzenreiche ganz umgewandelten Brennstoffe, sind tief unter die Erde durch mehr als eine Veränderung begraben, und durch Fluthen mit Schichten von Flötzlagen bedecket worden.

§. 51.

In den aufgeschwemmten Erdschichten unseres Erdballs, findet man auch, vorzüglich aber im nordlichen Theile der Erdkugel allerley Ueberbleibsel von organischen thierischen Körpern. Die mehresten derselben sind mit Steintheilen so durchdrungen, oder es sind die organischen Theile aufgelöset worden, und es haben sich Erd- und Steintheile an deren Stelle abgesetzet und die Gestalt des thierischen Körpers zum Theil beybehalten. So finden wir in Stein verwandelte Schaalthiere und Seepalmen. Unter den ersten finden sich erstaunlich viele Gattungen, von denen wir jetzt gar keine Originale mehr in den heutigen Meeren finden. Z. B. die sogenannten Anomiten, Terebratuliten und Ammoniten. Vor allen Dingen aber gehören zu den letzten die höchstseltenen sogenannten Encriniten oder Liliensteine und ihre Stengel. — Ferner hat man die Zähne, von manchen Fischen, aber auch vornemlich von Säugethieren entdecket, die blos in warmen Ländern leben und da ihren Unterhalt finden; ja sogar ganze Gerippe, besonders von Elephanten, Rashörnern, dem

dem Riesenbüffel Arni, von Löwen, Leoparden und Seebären, und sogar von einem uns jetzt ganz unbekannten Säugthiere, (s. Merck in Lettres sur les os fossiles Iere 1782. II^de 1784. IIIme 1786.) sind vornämlich in Deutschland, an einigen Orten von Frankreich und in Amerika gefunden worden. Eben so hat man sehr viele Spuren von indischen Thieren im russischen Reiche angetroffen. (S. Pallas Reise durchs russische Reich, Th. I. S. 140. 158. 378. 379. Th. II. S. 9. 268. 282=284. 326. 430. 446. 460. 474. 589. Th. III. 34. 37. 97. 269. 323. 409. wie auch Novi Commentarii Acad. Petrop. Vol. XVII. und neue nordische Beyträge, Band 6. S. 250. 251.) Z. B. Elephantenknochen und Zähne sind zwischen der Swiaga und Wolga, im Irgis, im Jaik oder Ural, am Ufastrohme, an Tura, am Iset, am Ischym, am Irtysch, am Ob, am nordlichen Jenisei und bey Krasnojarsk gefunden worden. Ein ganzes Nashorn ward am Wjilui noch in seiner Haut entdeckt, ein Hirnschädel ward am Ob, und ein anderer am Tschikoi vom Nashorn aufgespürt, und ein Zahn am Alei. Pallas fand Ueberbleibsel von einem sehr großen indischen Büffel, dessen Repräsentanten die Engländer erst kürzlich in den wald= und gebirgreichen Gegenden von Indien gesehen haben; er heißet Arni, ist am Wiederriß 14 Hände hoch, wiegt 3000 bis 4000 Pfund, und hat große Hörner. (S. die in Schottland gedruckte Schrift the Bee für den Decembermonat 1793.) Die Schädel und Hörner desselben entdeckte man im Irgis unweit Samara, ferner im Jaik oder Kral bey Kalmykowa, so wie auch am Miäs, weiter bey Kamenskoi Sawod, am Irtysch und am Ob.—
Alle

Alle diese Ueberbleibsel von indischen Thieren in Rußland, zu denen man vorzüglich den Riesenbüffel Arni rechnen muß, sind doch wohl unleugbare Beweise, daß eine südliche und südwestliche Fluth diese Ueberbleibsel mit Gewalt nach Norden und Nordosten fortgeschleppet, und unter den mit fortgeführten Erdschichten, welche nach und nach drüber abgesetzt wurden, begraben habe. — Die von Löwen und Leoparden in der Gailenreuter Höhle im Bayreuthischen gefundenen Zähne und Kinnbacken, sind in Espers Nachricht von neuentdeckten Zoolithen, Nürnberg, Folio 1774. Tab. 12. Fig. 2. abgebildet, und schon vor diesen die aus der Scharzfelder Höhle von Leibnitz in Protogaea Tab. XI. — Die vom Eisbären in der Gailenreuter Höhle aufgefundenen Schädel, Zähne und Gerippe sind von Esper im eben angeführtem Buche zu finden, womit man doch des Pallas Spicil. Zool. Fasc. XIV. p. 3-24. Tab. 1. Fig. 2. et 3. vergleichen kann, so wie des I. G. Rosenmüller Diss. quaedam de ossibus fossilibus Animalis cujusdam historiam ejus et cognitionem accuratiorem illustrantia, Lipsiae 4. 1794. — Bey der genaueren Untersuchung der Gerippe, Schädel und Zähne dieser Thiere, findet man unleugbare Züge der Uebereinstimmung, mit den Gerippen, Schädeln und Zähnen der Löwen, Leoparden und Eisbären der jetzigen Welt, so daß man sogleich sagen kann, dies ist ein Schädel eines Eisbären, dies sind Eckzähne von Löwen u. s. w. allein man entdecket doch zugleich so viele und so auffallende Abweichungen, daß man dem großen Zergliederer Camper es gerne zugeben wird, daß die Thiere der Vorwelt ganz von denen aus der jetzigen Epoche verschieden sind. Denn man fand auch in Ire-

land

land in einem Moraste ein Gehörne von einem Elk oder Elenne, welches 8 Fuß hoch von der Erde war, dessen Spitzen 14 Fuß von einander standen, und das 300 Pfund wog. Die stärksten Gehörne der jetzigen Elke wiegen 60. 56. 41 und 36 Pfund, und doch wiegen diese jetzigen Thiere 1000 bis 1200 Pfund. — Allein welch ein starkes und großes Thier muß das Elenn der Vorwelt gewesen seyn, welches im Stande war, ein fünfmal schwereres Gehörne zu tragen? — Am aller merkwürdigsten sind die Gerippe und Zähne einiger Säugethiere, welche man am Oheio in Nordamerika entdeckt hat. Nach der Größe der Knochen und Zähne war das Thier größer als ein Nashorn oder Elephant. Die Zähne aber dieses Thieres haben den ganzen Bau eines Thieres, welches unsere fleischfressende Thiere in der jetzigen Epoche unseres Erdbodens besitzen, mit vielen Spitzen an der Krone. Man hat seit der Zeit, diese Zähne auch in Deutschland, in Frankreich, in England, in Italien, in Böhmen, in Rußland, in China, und auch in Peru gefunden. Man hat Abbildungen von diesen Zähnen in Philos. Transf. Vol. LVII. und LVIII. 1767. und 1768. — In Buffons Epoques de la nature Vol. II. der Edition 12. Paris, und in Blumenbachs Abbildungen naturhistorischer Gegenstände. Heft 2. Taf. 19. — Allem Ansehen nach ist dieses ungeheuer große fleischfressende Thier der Vorwelt gänzlich vergangen und es wird nicht mehr auf unserer Erdkugel gefunden. Dieses ist um so glaublicher, da die Dodos eine Art großer Vögel, ebenfalls jetzt mit ihrer ganzen Gattung von der Erde vertilget sind. Ja die übergroßen Elenne oder Elke der Urwelt; ferner die von den jetzigen Elephanten, Nashörnern, Büffeln

Löwen

Löwen und Seebären abweichenden Ueberbleibsel aus der Urwelt, zeigen eben, daß diese Thiere in der jetzigen Epoche nicht erneuert sind worden, und sie geben daher desto unwidersprechlichere Beweise der großen Veränderung der Urwelt, und der Fluth aus Süden und Südwesten nach Norden und Nordosten hin. Denn die Bäume und Früchte, welche diesen in warmen Ländern wohnenden Thieren zur Nahrung dienen, wachsen nur in warmen Ländern. Es konnten also die Elephanten, Nashörner und Riesenbüffel, nur aus dem warmen Indien nach Sibirien und aus Afrika nach Deutschland durch Fluthen hinkommen, und so tief unter den aufgeschwemmten Schichten begraben werden.

§. 52.

Es hat der Domherr von Beroldingen in seinem ersten Versuche der Beobachtungen, Zweifel und Fragen die Mineralogie betreffend, Seite 43 und 44. eine besonders merkwürdige Thatsache angemerkt; seine Worte sind: „daß „die, besonders in holländischen Torfmooren nicht sel„ten vorkommenden umgestürzten Bäume einerley Lage „haben, so daß sie ihre Krone oder Gipfel nach der „Gegend zwischen Ost und Nord, ihre Wurzeln aber „gegen Südwest zukehren." — Und aus den Antworten auf gewisse vorgelegte Fragen, ersieht man S. 358. daß bey Osterholz im Bremischen sehr viele Eichen-, Tannen-, Fohren-, Ellern- und Birkenbäume im Moore mit der Wurzel ungeworfen anzutreffen sind, deren die meisten aus Südwest gegen Nordost liegen. Aus der Lage dieser Bäume in den Torfmooren, in einer solchen Richtung, daß die Wurzeln

nach

nach Südwesten, die Kronen oder Schopfenden der Bäume aber nach Nordosten liegen, läßt sich keine natürlichere und folglich wahrscheinlichere Folge, als diese ziehen: daß einmal in vorigen Zeiten, da so manche andere Thatsachen auf eben diese große Veränderung des Erdballs uns hinweisen, auch hie dieselbe Ursache wahrscheinlich wirksam gewesen sey, und also eine allgemeine gewaltsame Fluth aus Südwest nach Nordost gehend, diese Bäume erst hingestrekket, und denn mit Erdschichten bedekket habe.

§. 53.

Wenn man ferner die Lage und Richtung der Flötze und der Felsengebirge, so wie der aufgeschwemmten Hügel zwischen den Urgebirgen und Uebergangsgebirgen, in den großen Ketten der Gebirge unseres Erdbodens untersuchet, so findet man, daß diese späteren Gebirgsarten vielfältig die Richtung von Südwest nach Nordost nehmen. Wenn man die höchst seltenen Annich'sche Karten von Tyrol, welche, wie allgemein anerkannt ist, die größeste und genaueste Richtigkeit haben, aufmerksam betrachtet, so findet man, daß die Berge dieser späteren Entstehung, in Tyrol allesamt die Richtung von Südwest nach Nordost haben. — Ferner hat Saussüre in seinen Reisen durch die Alpen, Band III. S. 95 und 102. angemerket: daß er in den Bergen, die das Thal Chamouny gegen Südost einschließen, Felsen gefunden habe, deren Schichten, so wie das Thal von Nordost nach Südwest streichen, und an einem anderen Orte fand Saussü-

re

re einen Fels, dessen Schichten senkrecht stehen, und von Nordost nach Südwest laufen. — Es würde wahrlich, nach so vielen vorangeschickten Beweisen einer allgemeinen südwestlichen und nordöstlichen Fluth, sehr vielen ungelehrigen Widerspruchsgeist verrathen, wenn man auch diese Lagen und Richtungen der tyrolischen Gebirge späterer Entstehung, so wie die Schichten der Alpen nicht wollte derselben allgemeinen Ursache zuschreiben, deren Spuren überall auf unserem Erdballe, sich reichlich dem wahren Beobachter und Forscher darbieten, nämlich einer allgemeinen, die Richtung von Südwest nach Nordost habenden, ungemein großen Fluth.

§. 54.

Die vielen Thatsachen, die ich in den Abschnitten §. 29 = 53. nach und nach entwickelt habe; die sich beym Beobachten, Forschen und Nachdenken mir gleichsam von selbst darboten, die mich überzeugt haben, daß ehedem eine allgemeine von Südwest nach Nordost gehende große Fluth alle die merkwürdigen Spuren einer höchst wichtigen Veränderung unseres Erdballes und seine jetzige Begränzung durchs Meer und den Zustand seiner jetzigen Oberfläche, verursachet habe; die werden, wie ich es mir schmeichele, alle unbefangene und von Vorurtheilen freye, blos nach Wahrheit strebende, und einer solchen Untersuchung durch Vorkenntnisse fähige Menschen, gleichfalls von der Wahrheit überzeugen, die ich zu befestigen und an den Tag zu bringen mich bemühet habe, nachdem ich zuerst vor 22 Jahren auf die erste Vermuthung derselben, auf

der

der äußersten Spitze von Afrika verfiel. — -Der Satz scheint mir also ziemlich aufs Reine gebracht zu seyn. Jedoch ich muß auch nochmals wie am Schlusse von §. 29. sagen: zu erklären, wie es damit zugegangen sey, darinne liegt die große Schwierigkeit! Denn wer kann es wagen mit Gewißheit und Zuverläßigkeit, die Ursachen dieser Fluth anzugeben? wer kann die Kräfte angeben, welche, wenn sie in Thätigkeit gesetzt würden, hinreichend wären, die allgemeine Fluth in Bewegung zu bringen und ihr den Grad von Wirksamkeit mitzutheilen? Das bleibt also noch eine wichtige Aufgabe. Ich will mich aber bemühen, wo möglich den Forscher auf die Spur dieser Kräfte zu bringen.

§. 55.

Unsere Erdkugel hat in ihrer nordlichen Hälfte feste Länder, die in Asien und Amerika bis über den 70sten Grad hinaus reichen, ja an einigen Orten finden wir ansehnliche Länder, die sich sogar dem 80sten Grad nordlicher Breite nähern. — Werfen wir aber einen Blick auf die südliche Halbkugel, so ist schon jenseits des Vorgebirges der guten Hoffnung unfern dem 34sten Grade südlicher Breite, jenseit Neu-Holland unfern dem 44sten Grade südlicher Breite, und jenseit Kap Horn unfern dem 55sten Grade südlicher Breite südwärts kein Land anzutreffen, außer ein paar nackten, schwarzen, kleinen Felsen, die mit ewigem Eise und Schnee bedeckt sind. Und auch die von uns angeführten Landspitzen sind nur unbeträchtlich; denn an beyden Seiten derselben, bis zu den anderen von uns genannten Landspitzen, sind ungeheure, öde und selbst inselfreye

freye Ozeane: so daß ein ungeheures Misverhältniß zwischen dem Lande der nordlichen Halbkugel und dem Meere der südlichen entstehet. — Setzt man das eigenthümliche Gewicht des süßen Wassers gleich an 1000: so haben gleiche Volumina von den verschiedenen Erd= und Steinarten das eigenthümliche Gewicht von 4400 und wenigstens von 2000: Nimmt man nun von allen die Oberfläche der Erde bedeckenden Erden= und Steinarten, die Mittelzahl im eigenthümlichen Gewichte 3200: so ist doch die Erd= oder Steinoberfläche des Erdballs dreymal schwerer als die des Wassers, und selbst des Meerwassers, welches etwa 1026 zur eigenthümlichen Schwere hat. Es erhellet also hieraus, daß die nordliche Halbkugel der Erde, gegen die südliche ein beträchtliches Uebergewicht haben müsse.

§. 56.

So wichtig, so auffallend auch das Phänomen ist, welches der bloße Blick auf eine Karte unseres Erdballes einem jeden begierigen Forscher darbietet, so scheint auch diese Erscheinung nur eine Wirkung einer großen auf unsere Erdkugel und deren feste Länder allgemein gleichförmig wirkenden Ursache zu seyn. Wir wollen also noch eine Thatsache anführen, welche vielleicht noch eine Spur zu Auffindung der Ursachen dieser Wirkung geben könnte. — Es hat nämlich der ungemein scharfsinnige Mathematiker, mein Freund und Kollege, der Herr Prof. Klügel in dem bodeschen astronomischen Handbuche für 1788. S. 211. die Bemerkung gemacht: „daß aus einer Verrückung des Schwerpunktes „der Erde, sich erklären lasse, wie der Grad am Kap,
„den

„den la Caille gemessen hat, in einer Breite von 33°,
„18', so groß ist, als ein Grad nordlicher Breite von
„etwa 47°, so daß die Erde dabey ein elliptisches Sphä-
„roid seyn könnte, dessen Aequator aber von dem jetzi-
„gen Aequator verschieden ist." In dem Jahrbuche für
1788. S. 169. findet er, „daß die Formel, welche die
„in Peru, in Pensylvanien, (bey Paris, und
„Lappland gemessenen Grade darstellt, die kleinste
„Größe eines Grades, nicht unter dem Aequator, son-
„dern 16° 23' nordwärts angiebt. Dieses läßt auch
„muthmaßen, daß unser jetzige Aequator von dem ur-
„sprünglichen verschieden sey. — Doch ist nach seiner
„Meinung der Unterschied des hienach gefundenen klein-
„sten Grades und des Grades unter dem jetzigen Aequa-
„tor nicht beträchtlich genug, um mit Sicherheit darauf
„einen Schluß zu gründen." Vergl. Jahrbuch 1788.
S. 211. — Dies sind die eigenen Worte des sehr gelehrten und zu bescheidenen Gelehrten, die er mir zu gebrauchen erlaubt hat.

§. 57.

Es ist also eine so große Veränderung gewesen, daß
der Aequator der Urwelt, in der jetzigen Epoche nicht
mehr derselbe ist, sondern um 16° 23' verrücket scheint.
Es mußte also die Erdachse auf einem Ende verkürzet
und am andern verlängert werden: oder es hat die Erdachse vielleicht mehr Schiefe bekommen. Jenes große
Uebergewichte der nordlichen vor der südlichen Hälfte der
Erdkugel, die Verrückung des Aequators und eine Ver-
kürzung der Erdachse an dem einen Ende und ihre Ver-
längerung am anderen Ende, vielleicht gar eine größere
Schiefe der Erdachse, dies sind Veränderungen, welche

wohl

wohl im Stande sind, so große Wirkungen zuwege zu bringen, als wir eben von §. 29 = 53 weitläuftig angezeigt haben. Es kommt nur darauf an, zu bestimmen, wie diese große Kräfte mittheilenden Wirkungen in Thätigkeit sind gesetzt worden. — Diesen Betrachtungen will ich nur noch eine Bemerkung hinzufügen: Die Sonne weilt bekanntlich in den nordlichen Zeichen des Thierkreises um 8 Tage länger als in den südlichen, sie verlängert also den Winter der südlichen Halbkugel um 8 Tage, und kürzt demnach den Sommer um eben so viele Tage ab. Hiedurch ist die Kälte beynahe um $\frac{1}{2\frac{1}{2}}$ oder genauer um $22\frac{4}{5}$ Theil im Süden vermehrt. Da nun noch überdem eine so große Masse von Wasser im Weltmeere der südlichen Halbkugel vorhanden ist, welches alle die Sonnenstrahlen verschlucket und zu brechen pflegt, dahingegen das festere Land im Norden die Wärme beybehält, der Luft wieder mittheilt, und die auf der Erde sich kreuzenden Sonnenstrahlen überhaupt mehr Wärme erzeugen; so ist es kein Wunder, daß unsere Erdkugel in ihrer nordlichen Hälfte, jenseit des 35sten Grades allezeit um 10 Grade mehr Wärme hat, als die mit ihr gleichen Grade der südlichen Hälfte: und auch dieser Unterschied will nicht einmal hinreichen, um eine richtige Vergleichung anzustellen. Der Umstand aber, daß die Sonne um 8 Tage länger in den nordlichen Zeichen des Thierkreises weilet, als in den südlichen, der scheint mir noch mit der ehemaligen Lage des Aequators in der Urwelt, welche 16.° 23′ mehr nordlich war, in Verbindung zu stehen.

§. 58.

Nach Entwickelung auch dieser neuen Gegenstände, finden wir in denselben doch noch nicht die Ursachen, der

großen

großen die Oberfläche unseres Erdballs umschaffenden Veränderungen. Diese Ursachen bleiben vor wie nach eine schwer zu lösende Aufgabe. Ich gestehe gerne, daß das bisher von mir vorgetragene die Gränze meines Wissens enthalte. Ich möchte gerne gesagt haben, unseres Wissens über diesen Gegenstand, allein ich fühlte sogleich, daß diese Behauptung zu stolz und zu anmaßend seyn würde. Ich beschränke mich also bloß auf das, was ich von dem Gegenstande durch Sehen und Erfahren, durch Nachdenken und Forschen, durch Lesen und Vergleichen in meinem ziemlich langen Leben, in dem es mir an Gelegenheiten zum Beobachten nicht gemangelt hat, welche ich auch zu benutzen nicht unterlassen hatte, wirklich erlernet habe. — Ein Schritt jenseit der von mir angeführten Erscheinungen und Thatsachen, gehört bloß ins Reich der Möglichkeit. Jenes waren Geschichte der Natur, dieses sind höchstens wahrscheinliche Hypothesen oder Sätze, die man den angeführten Wahrheiten anpasset, und mit denen man denn zusiehet, ob es wohl möglich sey, daß sie die angegebenen Wirkungen hätten verursachen und jenen Erfolg veranlassen können. Es haben die Gelehrten, selbst in der sonst so zuverläßig zu Werke gehenden Mathematik, sich solcher Voraussetzungen bedient, sie dem Calcul unterworfen und haben auf dem Wege zuweilen in den wichtigsten Wahrheiten große Fortschritte gemacht. — In diesen Tastesätzen bey Erforschung der Wirkungen, deren Spuren wir deutlich genug in der Naturgeschichte der Oberfläche der Erde und ihrer unorganischen Theile, vor uns sehen, da könnten wir freylich den Probierstein oder die Feuerprobe des Calculs nicht anbringen. Alles was man zu thun im Stande ist, kommt darauf an, daß

man

man diesen Voraussetzungen, durch Nebenumstände so
viele Wahrscheinlichkeit gäbe, als diese Gegenstände er-
lauben. Ich will demnach auch einige Voraussez-
zungen oder Tastesätze hie vortragen, und zusehen,
in wie weit man durch sie, die von mir angeführten
Wirkungen und Erscheinungen erklären könnte. Ich
glaube, man könne eine äußerliche Ursache und
eine innerliche vorschlagen, welche man zu Erklärung
der Wirkungen und Erscheinungen gebrauchen könnte,
die wir in §. 29 = 53 und 55. 56. ausgeführet haben,

§. 59.

Die äußere Ursache könnte wohl ein Komet
seyn, der einmal der Erde so nahe gekommen wäre,
daß durch seine schnelle Vorüberfahrt quer über die Laufbahne der Erdkugel, dieselbe eine schnellere Bewegung
und vermehrte Umwälzung hätte müssen annehmen, und
daß die große Achse des Kreises, den die Erde in ihrer
Laufbahne beschreibet, dadurch wäre vergrößert, und das
Jahr um einige Tage verlängert worden; so daß z. B.
da das Jahr, nach der Bestimmung vieler alten Völker
vor diesem aus 360 Tagen, oder Umwälzungen bestan-
den; ihre jetzige Schnelligkeit bis auf 365 Tage 5 Stunden und 48 Minuten angewachsen ist. — Eine solche
Annäherung des Kometen, in seiner schiefen Laufbahne,
mag auch wohl der Achse der Erdkugel eine etwas schie-
fere Richtung gegeben haben, da denn nothwendig der
Aequator gleichfalls sich müßte geändert haben, und
mehr südlich geworden wäre. — In beyden Fällen
konnten die Wässer des Weltmeeres nicht innerhalb den
alten Gränzen bleiben. Der Ozean würde alsdenn nothwendig, mit der größten Gewalt, sich über das dama-
lige

tige feste Land ergossen haben. Er müßte Berge, deren Wände an den unteren tiefen Höhlen, eben keinen starken Widerstand leisten könnten, auswaschen, die Berge einstürzen, ihre dadurch zertrümmerten und in kleinere Theile zerbröckelten Geschiebe, nebst der Bedeckung von Erdschichten, von Kieseln, von Metalltrümmern, von Bäumen, Pflanzen, Land und sogar Seethieren, mit sich fortreissen und über andere feste Länder in einer unaufhaltbaren Fluth mit sich fortreissen, in der Richtung von Südwest nach Nordost. Fand die Fluth dort Widerstand an den Felsen der Urgranite und Urkalche, so spühlte sie an der Südseite der Gebirge alle lockeren, nicht felsenfesten Theile weg und machte pralle, jähe Gebirge; alles übrige stürzte über die Gebirge weg. Wo zuweilen sich die Fluth von neuem brach und in Vertiefungen zwischen den Felsenkuppen auf 1400 Fuß hoch über der jetzigen Meeresfläche Konchylien und Ueberbleibsel von See- und Landthieren absetzte. Alles was noch locker und nicht felsenfest war, ward von der Fluth fortgespühlt, besonders erzeugte sie die großen westlichen Busen, nordwestlich von den südlichen Landspitzen, sie trennte die Inseln nordöstlich vom festen Lande und setzte Inseln, Felsen und Untiefen ab. Die Wälder und Thiere von Afrika und Indien wurden in Deutschland und Sibirien unter aufgeschwemmten Schichten begraben, und der ganze Norden und dessen Erdschichten über Meeresgrund und Flächen mit neuen Lagen überzogen, ja selbst die Nordsee und das Eismeer mit Flächen und Untiefen angefüllt. Kurz es wurden alle die großen Veränderungen veranlasset, die wir bisher §. 29 - 53. 55 und 56 angeführt haben.

§. 60.

§. 60.

Es ist mir nicht unbekannt, daß verschiedene große Gelehrte, besonders Lalande und Duséjour, der 1775 einen Versuch über die Kometen schrieb, die Laufbahnen von 63 Kometen berechnet, und daraus geschlossen haben; daß keiner dieser Weltkörper unseres Sonnensystems, der Erde und ihrer Laufbahne so nahe hätte kommen können, daß derselbe diese Veränderungen zu wege zu bringen im Stande gewesen wäre. — Allein es sey mir doch erlaubt, den Berechnungen und Schlüssen dieser großen Gelehrten, einige gewiß wichtige Gründe entgegen zu stellen. Erstlich: Diese Gelehrten haben die Laufbahnen von 63 Kometen zwar berechnet, welches aber schon 1775 geschah. Es sind jedoch seit 1775, innerhalb 22 Jahren, noch verschiedene neue Kometen erschienen; und es können jetzt, da mehrere Beobachter, bessere Sternwarten und bessere Anstalten zu Entdeckung neuer Gestirne und neuer Erscheinungen am Sternenhimmel vorhanden sind, in der Zukunft leicht noch mehrere neue Kometen entdeckt werden, deren einer oder andere eine Laufbahne hätte, die ihn der Erde so nahe hätte bringen können, daß er die großen Veränderungen zu bewirken wäre im Stande gewesen, die wir als Wirkungen der Annäherung eines Kometen angegeben haben. Es kann vielleicht bald in der Zukunft ein neuer Komet, alle die Elemente darbieten, daß man seine ehemalige große Annäherung an die Erde daraus berechnen könnte. So groß demnach die Geschicklichkeit dieser Gelehrten in Berechnung der 63 Kometen ist, deren Richtigkeit ich nicht bezweifle: so schließt ihre Berechnung doch nicht die Möglichkeit aus, daß noch ein Komet erscheinen könnte, der schon einst der Erde so nahe

gewe-

gewesen ist, daß er alle die Veränderungen hervorgebracht hätte, welche die Oberfläche derselben so umgewandelt haben. — Zweytens: Man hat an dem Kometen von 1759 bemerket, daß er durch seine Durchschneidung der Laufbahnen der Planeten, einige sehr große sogenannte Perturbationen erlitten hat. Wenn also die berechnete Laufbahne eines Kometen nicht scheint den Kometen der Erde so nahe gebracht zu haben, daß er hätte können Einfluß auf sie haben: So konnten ja schon vor diesem Perturbationen vorgefallen seyn, die zu der jetzigen falschen Laufbahne Anlaß gaben; welche aber abgerechnet, dem Kometen eine ganz andere, der Erdkugel sehr gefährliche Laufbahne und Annäherung anwiesen. — Man siehet also, daß man auf diese Berechnungen großer Mathematiker, gar keine Folgen zu Ausschließung der einstmaligen, für die Erdkugel gefährlichen Annäherung der Kometen begründen könne. Daß also meine Voraussetzung einer großen Veränderung durch einen Kometen, noch immer möglich und wahrscheinlich bleibet.

§. 61.

Ich erbot mich (§. 58.) auch eine innere Ursache vorzuschlagen, welche die Veränderungen auf der Oberfläche des Erdbodens hätte verursachen können, die ich bisher weitläufig dargestellt habe. — Diese in dem Inneren des Erdbodens wirkenden Ursachen, sind die Erdbeben und die Vulkane. — Wenn man die wenigen von uns im Süden entdeckten Inseln betrachtet, so sind Südgeorgien, Sandwichland und Südlich Thule unbedeutende, ganz schwarze Felsenklumpen, welche aber alle das Ansehen hatten, als wären waren sie ehemals einem großen Brande unterworfen gewesen. — Auf dem sogenannten Feuerlande und der dranstoßenden Kette, der bis in Nord-Amerika fortgehenden Andesgebirge, findet man mehr feuerspeiende Berge, als man sonst auf dem ganzen Erdboden zusammengenommen findet. — Es läßt diese Menge von Vulkanen im Süden, so wie das verbrannte und zerrüttete Ansehen der wenigen Südländer vermuthen, daß vor der großen Veränderung unseres Erdbodens, im Süden ebenfalls große Länder und ansehnliche Inseln, mit vielen feuerspeienden Bergen vorhanden gewesen sind. — Die Gebirge der Andeskette sind unstreitig die höchsten auf unserem Erdboden, wie solches schon aus der Höhe des Tschimborasso in Peru erweislich ist, welcher 21,136 Fuß hoch ist. Die Gebirge zwischen Peru und Tschile sind beynahe eben so hoch. Alle die Reisenden erstaunen über die Höhe der Gebirge in Tschile und selbst nahe an der magellanischen Straße, siehet man nichts als sehr hohe mit Schnee und ewigem Eise bedeckte Gebirge. Sogar das westliche Feuerland ist eine Gruppe durch tiefe schmale Kanäle getrennter hoher Urgebirge, Massen, deren in Wolken gehüllte Gipfel, von nichts als Schnee und ewigem Eise bedecket sind und in deren Nachbarschaft, selbst zur Zeit ihrer Sommer-Sonnenwende, alles von Kälte starret. Die Trümmer des ehemaligen Südlandes, die wir erblickten, waren pralle, ungemein hohe, schwarz verbrannt aussehende Felsenmassen. — Je höher nun diese Gebirge noch sind und folglich auch die Gebirge des Südlandes gewesen sind, welches hie aller Wahrscheinlichkeit nach, vor diesem vorhanden war; desto größer, tiefer und weiter müssen nothwendig auch die Höhlen gewesen seyn, welche

welche nach §. 12 und 15 bey ihrer Entstehung und Bildung sich im Inneren der Erde durch die entwickelten expansiven Dünste allmählig ausbaucheten. — Bey zufälligem Eindringen von allerley Flüssigkeiten, davon einige Säuren, andere Alkalien aufgelöset enthielten, durch die Steinfugen ins Innere der Erde; kamen selbige darinn mit Stoffen in Berührung, welche dadurch in eine Gährung und Erhitzung geriethen, so daß allerley expansive Dünste sich in die Höhlen und Weitungen der Erde zogen. — Die vielen feuerspeyenden Berge dieser ehemaligen Südländer, mögen sich gleichfalls zu einer Zeit, mit anderen die in ihrer Nachbarschaft lagen, entweder von neuen entzündet, oder doch neue und stärkere Auswürfe gemacht haben. Die Erdbeben und Erschütterungen der Erde, welche wie bekannt, sich zuweilen durch viele Länder erstrecken und auf große Strecken (wie z. B. beym Erdbeben von Lissabon) sich mittheilen, mögen in den Höhlen der Erde die angehäuften expansiven Dünste in Bewegung und in Thätigkeit gesetzt haben, welches um so wahrscheinlicher wird, da neue Ausbrüche der Vulkane von starken Erdbeben entweder begleitet, oder doch angekündiget werden. Einige dieser Höhlen stürzten also ein, und das Weltmeer ergoß sich mit Gewalt in diese Weitungen. Neue oder fortdauernde Erschütterungen und die Gewalt des in die Höhlungen und Weitungen mit großer Thätigkeit eindringenden Weltmeeres, wusch die Schichten im Inneren der Gebirge immer mehr aus; die Gebirge wurden stets mehr locker und weich, und neue Gährungen verursachten neue Aufwallungen des Meeres. Ganze Gebirgsrücken stürzten ein, und das in den Tiefen befindliche Meer, ward mit einer unwiderstehlichen Gewalt

nach

nach der gegenüber liegenden Richtung (von Südwest nach Nordost) herausgepresset und ward zu einer unaufhaltbaren Fluth in der obigen Richtung.

§. 62.

Die Folgen und Wirkungen einer solchen mit unwiderstehlicher Gewalt herausgepreßten Fluth aus dem ganzen zugleich, oder in kurzen Zwischenräumen hintereinander eingestürzten Südlande, mußten nothwendig schrecklich und verheerend seyn; und eine kurze Schilderung dieser Wirkungen, wird hoffentlich die ganze Sache in ihrem wahren natürlichen Lichte vorstellen. — Das Einstürzen ganzer Gebirgszüge, welche zum Theil schon ganz in Blöcke, Geschiebe und Trümmer sich aufgelöset hatten, preßte das Meer aus den Schlünden der Tiefe mit einer unwiderstehlichen Gewalt heraus. Die Fluth, die die Berge hoch hinaufgetrieben war, rollte über den Ebenen und Hügeln weg. Sie riß die Berge und Erdschichten, die Pflanzen und Wälder, die Thiere und alle Geschöpfe auf der Oberfläche der Erde, so wie alle die Fische und Ungeheuer der Tiefe unaufhaltbar mit sich fort. Die großen festen Urgranite von Süd-Amerika, von Afrika, von Neuholland und von Indien, so wie von Korea und von Groenland, waren zu derb, als daß sie die Fluth hätte mit fortreissen können: Allein nordwestwärts wo nur ebenes Land anzutreffen war, da spühlte diese Fluth tiefe Busen aus. Sie öffnete zwischen den Gebirgsketten lange gestreckte Meerbusen in Arabien, Persien und im mittelländischen Meere bis zu dem schwarzen und azowschen Meere herauf. Sie bahnete sich durch die Kreideschichten zwischen Britannien und Gallien einen Weg ins
Nord-

Nordmeer. Sie bildete die Ostsee und seine Inseln und Meerbusen. Sie floß gewaltsam in den merikanischen, den Hudsons-Busen und die Baffins-Bay. Nordostwärts der südlichen Landspitzen wurden überall die magellanischen und Falklandsinseln, Madagaskar, Zeylan, Neuseeland, die Bahama-Eilande, Neufundland, Island, Japan und die aleutischen Inseln vom festen Lande durch Straßen getrennet. — Die vielen von der Fluth mit fortgerissenen Erdtheile, Steingeschiebe und Trümmer von Bergen kamen in Afrika, dem Aequator näher, eben das geschah in Amerika, in Neuholland und im indischen Meere. Bey der Annäherung an den Aequator nimmt die Centrifugalkraft zu. Allein da an dem Aequator zugleich die Masse der Erde bis zu ihrer Achse am größesten ist, so ziehet die Erdenmasse auch daselbst, alle in Bewegung gesetzte und lose Körper am stärksten an. — Die im Süden von Amerika, von den Andes bis nach Brasilien laufenden Gebirgszüge; die in der Gegend des Wendekreises des Steinbockes quer durch Afrika hinstreichenden Urgebirge: Die sundaischen und moluckischen zum Theil mit hohen Gebirgen durchzogenen Inseln: Die selbst im Inneren von Neuholland wahrscheinlich zwischen dem 30sten und 40sten Grad südlicher Breite dieses Land quer durchlaufenden hohen Gebirge, dessen einzele Bergspitzen man schon aus der Ferne, unweit der brittischen Kolonie von Sydney-Cove gesehen hat: die im großen Südmeere, unweit dem Wendekreise des Steinbocks häufigen hohen Inseln und Korallenriefe, die sich von Neuholland bis nahe vor der Küste von Südamerika quer durch das Südmeer ziehen. Alle diese Gebirge und hohen Inseln
mußten

mußten nothwendig die Fluth in etwas brechen und mäßig aufhalten. Es wurden also überall hinter den Gebirgszügen und Inselreihen viele von der Fluth noch immer fortgerissen; die von der größeren aequatorischen Erdmasse stärker angezogenen Erd- und Steintheile genöthiget, sich nahe an dem alten und beym jetzigen Aequator in starken Erdschichten abzusetzen. Diese Gegenden waren zum Theil schon erhöhet bey der ersten Entstehung des Erdballes in seinem breyartigen Zustande. Jetzt bekam aber die Erde unter dem jetzigen Aequator, durch diese neue Aufschwemmungen einen Zuwachs, so daß die alte und neue Erhöhung des aequatorischen Halbmessers, zusammen etwa $4\frac{1}{2}$ Meilen in Vergleichung mit der Erdachse nach den beyden Polen betragen möchte. — Wahrscheinlich bekam auch zugleich Afrika, Amerika, Neuholland einen Zuwachs an Land von Westen nach Osten; durch die von der Fluth mitgeschleppte und abgesetzte Erdschichten. Im Norden, von Frankreich, Belgien, Holland, Nieder-Deutschland, Preussen und dem ehemaligen Pohlen, in Rußland und Sibirien wurden durch die neuen Erdschichten, die Länder theils erhöhet, theils auch über den flachen Meergegenden neugeschaffen.

§. 63.

Die genauere Untersuchung aller großen Urgebirge unseres Erdballes zeiget zur Gnüge, daß die Metalle und vorzüglich die sogenannten edlen Metalle nur in ganz kleinen Pünktchen und zerstreuten Trümmerchen in der Masse der Urgebirge sich befinden; und daß es deswegen von Bergbauverständigen allgemein angenommen ist, daß es schwerlich die Mühe und Kosten belohnen würde,

würde, in den Urgebirgen einen Bergbau anzufangen. In den regenerirten Graniten, in den geschichten Uebergangsgebirgen; und in den rolligen Gebirgen, werden zwar Metalle und sogar edle angetroffen, allein alle diese Gebirge gehören nicht zu den Urgebirgen, sondern sie sind allesamt späteren Ursprungs. — Da nun nach §. 14. viele Metalltheile theils gediegen, theils verkalcht an der Oberfläche des Erdbodens sich befanden, davon zwar viele schon in die Klüfte und Gänge der Uebergangsgebirge sich gezogen hatten §. 25; so blieben deren doch noch viele an der Oberfläche der Erde und in ihren lockeren und beweglichen Theilen zurücke. Diese wurden nun von der annoch fortgehenden Fluth überall mit fortgerissen. Es wurden dieselben durch das Rollen der größeren über den festen Theilen, und das Reiben an einander, in ganz feine Theile zerrieben, als hätte sie ein Pochwerk zertrümmert. Diese durch die Fluth der Weltmeere bewegten, durch ihre natürliche größere Schwere hinabgesenkten Stoffe, wurden durch den Umschwung der Erde in homogenen Theilen, nach ihren verschiedenen Schweren und Dichtigkeiten näher an einander gebracht. — Je mehr sich diese Stoffe dem Aequator näherten, entfernten sich die schwersten nach der Oberfläche, sie wurden da disseit und jenseits des Aequators, an den Gebirgsketten der Ganggebirge, theils am Fuße derselben in vertieften Thälern als Geschiebe und Seifengebirge, abgesetzet, theils in große unterirdische Räume als Stockwerke hineingetrieben, theils aber auf das todte Liegende als Flötze in großen wagerechten Schichten hingestrecket, theils aber hie und da in die annoch offenen oder später geöffneten Gangklüfte der Uebergangsgebirge ergossen. Immer neue und nacheinander wiederholte Fluthen,

then, fielen nun mit Pflanzen und Fischen über die Lagen der Flötzgebirge in neuen und wiederholten Schichten
ganz verschiedener Stoffe. In die vertieften Thäler kamen mitten unter das Gerölle der Seifengebirge mancher
Baum der Vorwelt, noch manches Geschiebe von nahen
und fernen Gegenden. Nahe am Aequator ward das
Gold, das schwerste Metall in größerer Menge, zuweilen an der Oberfläche der Erde unter den obersten Schichten der Erde zusammengetrieben.

§. 64.

Am Fuße der höheren Gebirgsstrecken und in den
tiefen Thälern zwischen denselben, zogen sich die dicken
Gemenge von Erd- und Steintheilen in die am mehresten
vertieften ebenen Strecken hinein. —— Da die Fluthen
nach und nach aufhörten mit Heftigkeit zu wirken, da
sich die Fluthen auch oft an den nahen Gebirgshöhen
brachen, und durch Umwege langsam in die vertieften
Strecken zogen, so senkten sich die schwereren metallischen Theile, mit Kalch, Thon und brennbaren Theilen
aus dem Thier- und Pflanzenreiche in die Flötze, auf
das sogenannte todte Liegende, und es bildeten sich dergestalt daselbst die Kupferschiefer und andere metallische
Flötzlagen; auf welche sich neue Schichten von Thon,
von Kalch, von Sand und Mergel in wagerechten übereinander liegenden Lagen herabsenkten und wahre Flötze
bildeten. Mit der ersten metallischen Lage kam zuweilen auch ein Fisch, der aber bald von neuen Erd- und
Steinschichten bedecket ward, und an des Fisches Stelle
setzten sich lauter Kupferkiestheile an. —— Es lagen
aber unter den Flötzlagen zuweilen ansehnliche Salzschichten oder regenerirte Kalche, oder wohl gär große Vorrä-
the

the von unterirdischem Wasser, über der sich nur eine dünne Schichte von Schiefer nach und nach angesetzet und die Gewässer bedecket hatte. Die Salze wurden zuweilen von eingedrungenem Wasser aufgelöset und seitwärts in tiefere Gegenden oder Höhlen geleitet. — Mit Säuren gemischte Wässer, zerfraßen die Kalchschichten und leiteten dieselben in tiefere Gegenden oder Höhlen, die ihnen seitwärts gelegen waren, wo sie als Kalchspathe, Tuffe, Tropfsteine und Gypse sich wieder niederschlugen. — Wurden die unter dem Flötze liegenden Gewässer nur durch einen dünnen Schiefer getragen, so konnte diese dünne Schichte, die oben auf sie drückenden schweren Flötze kaum ertragen. Zog sich von dem Gewässer etwas durch Seitenfugen in tiefere Gegenden, so mußte der Flötz entweder brechen, und ein großer Theil desselben sank ganz nach dem Wasserpasse bis auf den Grund der vom Salze, vom Kalche oder Wasser leer gewordenen Höhlung, und ein Theil des Flötzes, welches sich hie und da auf Gebirge und Erdschichten stützte, blieb in der vorigen Lage zurücke: oder aber der zerbrochene Flötz glitt nur auf einer Seite bis auf den Grund hinab, und bekam also eine schräge Richtung. — Den Ort, wo diese Lage der Flötze, durch einen Bruch und durch das nachherige ganze oder einseitige Einsinken, gänzlich verrücket wird, nennt der deutsche Bergmann einen Fall, und die Kluft, welche durch das Sinken des Flötzes verursachet wird, wird bergmännisch ein Wechsel genennet, der gemeiniglich mit metallischen Theilen reichlich aus den oberen Flötzen oder dem höheren Ganggebirge pflegt angefüllet zu seyn, und daher als ein sehr ergiebiger Gang bearbeitet wird.

§. 65.

§. 65.

Die Wälder der Urwelt, nebst der in diesen Wäldern seit Jahrtausenden von verweseten Vegetabilien angehäuften schwarzen Dammerde, ferner mit den krautartigen und baumartigen Farrenkräutern, den schilfartigen Gewächsen und den Palmbäumen der Urwelt, wurden von der Fluth in die Vertiefungen bey den Gang- und Flötzgebirgen zusammengetrieben; neue Schichten von Schieferthon und Märgelschiefer setzten sich über diesen brennbaren Stoffen ab, welche von den Salzen des Weltmeeres und den Schwefelsäuren der Kießschichten der Granitgebirge aufgelöset und mit ihnen zu neuen Brennstoffen umgewandelt wurden; je nachdem in die Mischung mehr Brennstoff, mehr Erd- und Steintheile oder mehr Säure waren hineingekommen, da denn aus diesen Lagen, Torfmoore, Holzkohlen, Steinkohlen, Bergpech, Asphalt, Bergöl, Naphtha, Bernstein und andere Brennstoffe entstanden.

§. 66.

Einige große Vertiefungen und geräumige Höhlen füllten sich bloß mit Meereswasser an, welches in einigen dieser Höhlen mit Schichten von Erd- und Steintheilen gemenget ward, so daß diese Schichten ganz von dem Meersalze durchzogen wurden. In anderen Höhlen und Vertiefungen ward das wilde Wasser, durch nahe Erdbrände und andere Wärme von unterirdischen Gährungen und Erhitzungen, oder durch Schichten von Sande weggeschaft, durch welche es sich durchseigte: so daß flötzartige Salzschichten daraus entstehen konnten. — Da die solche Salzlager bedeckende aufgeschwemmte Erdschichten, gemeiniglich Märgelartig, Kalchartig und

we

wo Lager von Schwefelkies waren auch Gypsartig zu
seyn pflegen, so findet man gemeiniglich bey Salzquellen
und Salzlagern große Lager von Gyps, Alabaster und
Fraueneis. — Die Vertiefungen in den afrikanischen
Ländern vom Kap bis zum Atlas und Aegypten,
in Rußland, in der Krimm, am kaspischen
Meere, in der Steppe jenseit des Uralflusses bis
zum Irtysch, so wie in der kirgisischen Steppe und
in der Wüste Schamo oder Keby bis in Schina hin=
ein, wurden gleichfalls mit Salzwasser angefüllt, ja
selbst das umherliegende Land mit Salztheilen getränket
und durchzogen, so daß sich überall Salzseen und Salz=
pfützen bildeten, die zum Theil im Sommer dicke Lagen
von Salz anschiessen, im Winter aber zum Theil durch
Regen und Schneewasser wieder auflösen. — Die al=
ten Salzstöcke der Urgebirge §. 13 und 18 waren theils
vorher schon mit Erd= und Steinschichten bedecket, theils
aber bekamen sie jetzt neue Decken von Stein= und
Erdlagern.

§. 67.

Weiter nach dem Norden, und an beyden Seiten
aller von Westen nach Osten laufenden Gebirgszüge,
findet man die aufgeschwemmten Strecken unserer Erde.
Im Süden ward die Fluth mit großer Gewalt gegen diese
Gebirge getrieben. Die lockeren und erdigen Theile
dißseit wurden von der kräftigst anprallenden Fluth weg=
gerissen und es blieben bloß die nackten, jähen, steilen
Felsen stehen. Die Erde und das Gerölle stürzte über
die Gebirge und in den Schluchten zwischen den Berg=
spitzen durch. Ein Theil derselben machte die losen,
rolligen Gebirgsarten und Gebirgsschichten mit den Sei=
fenge=

fengebirgen. Ein Theil floß nach gewissen entfernten Vertiefungen und bildete da Flötze. Ein Theil aber des dünnen erdigen Gemenges, welches die Gerippe der Elephanten, der Nashörner, der Wallfischarten, der Eisbären, der Riesenbüffel, der Krokodille, der Löwen, der Tyger und der Robben, nebst den unzähligen See= thieren und schaalenartigem Gewürme, und ihren kalch= artigen Gehäusen enthielt, bildete die nordwärts von den Gebirgszügen gelegenen Ebenen und ihre aufgeschwemm= ten Lager.

§. 66.

Im Süden fand sich nun, statt der vorigen Süd= länder, ein ungeheuer großer, tiefer und oder Ozean. Die Erd= und Steinschichten dieser und aller Länder, über welche die aus dem Süden ausgeschleuderten Flu= then unaufhaltbar hergerollt waren, hatten die nordliche Halbkugel an ihrer Oberfläche um ein Drittheil gegen die südliche Halbkugel an Masse vermehrt. Die Gegend um den neuen Aequator war erhöht und zu einer sehr unre= gelmäßigen Sphäroide umgeschaffen worden. Diese Versetzung so vieler sehr schweren Stoffe nach anderen Orten mußte der Erde nothwendig einen ganz neuen Schwerpunkt geben, und der vielleicht schon etwas ver= rückte Pol ward noch mehr verändert und das Ueberge= wichte des Nordens, scheint sogar die Schiefe der Eklip= tik vergrößert zu haben. Die neue, durch den neuen Schwerpunkt der Erde erzeugte Erdachse und ihre verän= derte Gestalt, mußte nun noch mehrere Veränderungen in der Lage und Begränzung der Meere und der Gestalt der Erde verursachen. Das Meerwasser z. B. zog sich jetzt mehr nach den Gegenden hin, die dem neuen Aequa= tor näher kommen, und von denen Strecken weg, die davon

davon mehr entfernt wurden; indem das Waſſer vermöge der Centrifugalkraft am Aequator am höchſten ſtehen muß. Auf dieſe Art nun wurden die in Touraine in Frankreich, in Belgien, in Holland, im ganzen Nord=Deutſchland, in Jütland und den däniſchen Inſeln, in allen drey Preuſſen, Litthauen Kurland, Liefland, Eſthland, im Nord=Rußland und Sibirien, ſo wie in einem großen Theile von Nord=Amerika gelegenen niedrigen und aufgeſchwemmten Landſtrecken, von dem ſie bedeckenden Meerwaſſer theils ganz befreyet, theils bekamen ſolche Länder in Anſehung des Meeres eine höhere Lage. Die Kette von vulkaniſchen Gebirgen vom Habichtswalde bey Kaſſel, bis jenſeit des Rheins, ward unſtreitig jetzt vom zurückgetretenen Meere, welches vor dieſem den ehedem brennenden Vulkanen dieſer Gegenden ganz nahe war, gänzlich entblößet. Dieſes Zurücktreten des Meeres verurſachte aber das Erlöſchen aller dieſer ehedem brennenden Vulkane.

§. 67.

Nachdem ich nun nicht nur die vielen Materialien, welche aus Beobachtungen, Thatſachen, allgemeinen Wahrheiten und höchſt wahrſcheinlichen Vorausſetzungen beſtehen, ſo geordnet und verknüpfet habe, daß ein forſchbegieriger, unpartheyiſcher Leſer ſich einigermaßen von der Möglichkeit der Entſtehung und Bildung der jetzigen Oberfläche der Erde wird belehren können: ſo muß ich den Leſer noch auf zwey Anmerkungen aufmerkſam machen.

Erſtlich glaube ich meinen Verſuch ſo geordnet und verknüpft zu haben, daß derſelbe unſerem Erkenntnißver=

nißvermögen, und auch den Regeln aller philosophischen Untersuchung so viel möglich angemessen ist. Der große Newton forderte: „daß man zur Erklärung der natürli-„chen Dinge nicht nur die wahren Ursachen anführen „solle, sondern auch nur so viele, als zur Erklärung der „Erscheinungen hinlänglich wären." (Causas rerum naturalium non plures admitti debere, quam quae et verae sint, et earum phaenomenis explicandis sufficiant.) Dieser vortreflichen Regel schmeichle ich mir in diesem Versuche, wo nicht ganz ein Gnüge geleistet zu haben, doch so viel möglich alle Kräfte aufgeboten zu haben, um ihr nachzuleben. Ja es kann der Leser nicht nur zwischen der inneren und äußeren von mir vorgeschlagenen Ursache wählen; sondern es können, wenn es nöthig und erforderlich zu seyn, das Ansehen hätte, sogar beyde Ursachen gemeinschaftlich gewirket und zusammen die angeführten Erscheinungen veranlasset haben. — Zweytens, halte ich dafür, daß man zu einer vernünftigen Erklärung der verschiedenen Erscheinungen, welche die genaue Erforschung unserer jetzigen Erdenoberfläche erheischet, gar nicht den Deus ex machina nöthig haben müsse. Es muß also alles natürlich aus dem ersten rohen Zustande unserer Erde erklärbar seyn, und sich als eine Folge des Zustandes darstellen lassen, was wir auf der jetzigen Oberfläche der Erde und in ihrem jetzigen Zustande, ihrer Form, Lage und Begränzung vorfinden: und ich habe mich wenigstens bemühet dieser Sammlung von Thatsachen, Wahrheiten und wahrscheinlichen Muthmaßungen eine solche Anordnung und Verknüpfung zu geben, daß eines aus dem andern folget.

§. 68.

§: 68.

Nachdem nun die Erdkugel eine neue Begränzung, und eine neue Gestalt, ja sogar veränderte Jahreszeiten und Witterungen bekommen hatte, und alles wieder in Ruhe und Ordnung versetzet war; da wuchsen neue Pflanzen und neue Wälder, die jedem Lande, jeder Lage und jedem Klima angemessen waren: es entstand auch bald eine neue Welt von Thieren, die nach eben der Weisheit überall vertheilt war, und welche beyderseits wuchsen und sich in dem Verhältnisse, welches das Ganze der Schöpfung nothwendig machte, vermehrten. — Die Pflanzenwelt bot einer ungeheuren Menge der unendlich mannigfaltigen Thierwelt, Nahrung und reichen Unterhalt dar. Die erfreuliche, dem Auge aller Thiere so angenehme und so sanfte grüne Farbe gab dem ganzen Erdboden eine prächtige und neue Bekleidung. — Die See hatte ihre Bewohner vom Riesengeschlechte der Wallfische an, bis zum staubähnlichen Wurme. Die Lüfte, die Wälder, die Berge, die Ebenen, die stehenden und laufenden Gewässer, wurden von Vögeln, Amphibien, Fischen, Insekten und Gewürme in Myriaden bewohnt. Die Säugethiere vom Knochenberge des Elephanten, bis zum zwergartigen Spitzmäuschen belebten Land und Wälder. — Alles dieses waren Vorbereitungen zur Aufnahme des Menschen, auf dem zu seinem Empfange überall bekleideten und bevölkerten Erdboden. Der Mensch erschien denn zuletzt! Ein Wesen, das im Körperbau und seinen Bewegungs-, Verdauungs- und Respirationswerkzeugen, so wie in dem Geschäfte des Blutumlaufs und der Fortpflanzung das Mehreste von der Natur der Säugthiere behalten hat; Allein durch den Funken von Vernunft, durch die Fähigkeit zur Mittheilung

lung seiner Begriffe und Kenntnisse durch Sprache oder gewisse artikulirte Laute als Zeichen seiner Vorstellungen und durch Schrift oder gewisse Züge zu Bezeichnung der Laute seiner Sprache, durch die höchst nothwendige Bestimmung zu einem gesellschaftlichen Leben, durch ein besonderes inneres, richterliches Gefühl über die Güte und Zuläßigkeit, oder Verwerflichkeit und Unrechtmäßigkeit seiner Handlungen, zu einem Wesen sich erhebt, welches weit über die vollkommensten Geschöpfe auf diesem Erdboden sich vervollkommnen kann: Dessen geringe Kraft, doch durch den Gebrauch der obigen Talente, ihn so weit bringt, daß er die stärksten und zugleich die grausamsten und unbändigsten wilden Thiere zähmt, beherrscht und ganz als Herr zu seinem Gebrauche verwendet: Welcher durch die Anwendung, Kenntniß und den wirklichen Gebrauch der Natur und ihrer Kräfte, ganz erstaunende Wirkungen und Handlungen hervorbringt, und sie zu seinem Besten verwendet: Dessen Empfindungskraft, ihn zu allerley künstlichen Werkzeugen verholfen hat, durch deren Gebrauch er sich bis in die unermeßlich scheinende Gefilde der himmlischen Körper hinaufschwingt und dort den Wegen des Allmächtigen in der dunkeln Ferne nachspürt, so daß sein Geist den Himmel misset, die Laufbahne den Gestirnen vorschreibt, und die Himmelskörper wiegen kann. Dessen reger, immer thätiger Geist, auch den Erdball, diesen Staub im ganzen Weltensysteme genau zu erforschen und alles, was sich auf dessen Oberfläche findet, zu untersuchen und zu benutzen sich angelegen seyn lässet. Der selbst die verschiedenen Urstoffe des unorganischen Theils unseres Erdbodens, so wie derselbe zuerst aus dem Schooße der Undinge ins Daseyn gerufen ward, gelernet hat zu zergliedern,

dern, ihre besondere Naturen und die eigenthümlichen in jedem derselben ursprünglich gelegten Kräfte so zu ordnen und an einander zu ketten weiß, daß diese dem ersten Ansehen nach unförmliche todtscheinende Masse, nach und nach durch diese eigenen Kräfte sich allmählich entwickelt und durch Veränderungen, welche Zerrüttungen zu seyn scheinen, doch endlich vervollkommnet, verschönert und zu der schicklichsten Wohnung für Myriaden von Thieren und von Pflanzen wird. — Der ferner durch seine Erfindungstalente Werkzeuge künstlich hervorbringt, mit deren Hülfe er die kleinsten staubähnlichen Thiere und Pflanzen hundert und sogar einige tausendmal seinem Auge vergrößert darstellt, und auch ihren inneren Bau erforschet und in demselben wichtige Entdeckungen machet. Welcher zuletzt aus allen diesen, von ihm aus der Betrachtung der Welt, ihrer Theile und Bewohner, aus ihren Kräften, Naturen und Bestimmungen entdeckter Erscheinungen sich und anderen immer neue Gelegenheiten verschaffet der Macht und was noch wichtiger ist, der unendlichen Weisheit und unbegränzten Güte des Urhebers der Welten, auf diesem neuen Wege nachzuspüren und diese dem Menschen so beruhigenden Eigenschaften anbetend zu verehren! — Welcher es auch zu entdecken sich bemühet hat, daß die Weisheit der ewigen Vorsehung es so geordnet hat, daß allezeit die großen Veränderungen der Erdkugel ihren Grund und Veranlassung in dem Baue, in der Schichtung, in der Gestalt der Erde, in der Wirkung der natürlichen Körper und ihrer Kräfte fangen; und daß also in der ersten dem Ansehen nach rohen Anlage des Erdbodens, schon der Grund zu seinem jetzigen, und was noch wichtiger ist, zu seinem künftigen Zustande liegen und vorhanden seyn mußte!

§. 69.

§. 69.

Felix, qui potuit rerum cognoscere causas!

Ich habe nun in den obigen Abtheilungen meiner Schrift gesucht, Sätze anzuführen, welche ausgemachte Wahrheiten sind: mit diesen verband ich solche Sätze, die einen solchen Grad von Wahrscheinlichkeit haben, daß wenn man sie gleich nicht als ausgemachte Wahrheiten ansehen kann, sie es doch beynahe zuverläßig gewiß verdienen Wahrheiten zu seyn: Ferner sind von mir einige Voraussetzungen mit eingewebet worden, die ich als sehr mögliche Sätze zur Erklärung einiger Erscheinungen angenommen habe, die aber durch die Uebereinstimmung mit ähnlichen Erscheinungen und Wirkungen mehr Wahrscheinlichkeit erhalten, und sich beynahe zur Gewisheit, durch mehrmals wiederholte Anwendung und durch die Folgen, die man daraus ziehen kann, erheben. — Das Ganze meiner Bearbeitung, ist bloßer Versuch! — Das unpartheyische Publikum der wahren Kenner, urtheile nach diesem, was ich geleistet habe, und in wie ferne ich Beyfall verdiene oder nicht! Meine Beobachtungen und Erfahrungen werden, wie ich hoffe, von ächten Geologen nicht verkannt werden!

Hic - - caestus, artemque repono!